中等职业教育课程改革"十四五"规划教材

统计基础

Tongji Jichu

主编／李新　庞博宙

立信会计出版社
LIXIN ACCOUNTING PUBLISHING HOUSE

图书在版编目(CIP)数据

统计基础 / 李新,庞博宙主编. —上海:立信会计出版社,2022.1
ISBN 978-7-5429-7050-3

Ⅰ.①统… Ⅱ.①李… ②庞 Ⅲ.①统计学-中等专业学校-教材 Ⅳ.①C8

中国版本图书馆 CIP 数据核字(2022)第 012867 号

责任编辑　　余　榕

统计基础
TONGJI JICHU

出版发行	立信会计出版社			
地　　址	上海市中山西路 2230 号	邮政编码	200235	
电　　话	(021)64411389	传　真	(021)64411325	
网　　址	www.lixinaph.com	电子邮箱	lixinaph2019@126.com	
网上书店	http://lixin.jd.com	http://lxkjcbs.tmall.com		
经　　销	各地新华书店			
印　　刷	上海天地海设计印刷有限公司			
开　　本	787 毫米×1092 毫米　1/16			
印　　张	10.25			
字　　数	237 千字			
版　　次	2022 年 1 月第 1 版			
印　　次	2022 年 1 月第 1 次			
印　　数	1—3 100			
书　　号	ISBN 978-7-5429-7050-3/C			
定　　价	30.00 元			

如有印订差错,请与本社联系调换

前言

为全面贯彻党的教育方针,落实立德树人根本任务,以教育部关于印发《职业院校教材管理办法》(教材〔2019〕3号)的通知为指导,以最新的统计研究成果为依据,以课程开发为依托,以培养职业能力为主线,结合职业教育教学改革成果,我们组织编写了本教材。

本教材具有以下特点:

(1) 强化课程思政,落实"三全"育人。本教材以习近平新时代中国特色社会主义思想为指导,落实立德树人根本任务,紧扣中等职业学校财经商贸类专业教学标准和课程标准,推进"党的领导"相关内容进课程教材,在人才培养中认真贯彻和充分体现社会主义核心价值观、职业道德、法律意识和工匠精神,发挥课程思政的育人功能。

(2) 重构学习内容,体现"教、学、做合一"。本教材在解构传统学科体系及教学方法、教学内容上进行了新的尝试,重构基于"统计工作过程"的学习领域,将理论与实践进行整合,删减繁琐的理论描述和不常用的统计方法,增加了运用计算机对数据处理和分析的方法介绍,注重培养学生岗位操作能力,构建以实践能力为本位、以项目课程为主体的模块化课程体系。

(3) 工作任务导向,实施项目化教学。本教材遵循理实一体化的教学模式,配以大量的教学案例,实现教、学、做一体化,同时通过设置"学习目标""项目小结""项目训练题"等环节,并穿插"想一想""练一练""知识扩展""实例"等栏目,加强对学生职业核心能力、文化素质、职业道德的培养,为学生将来从事统计及相关工作提供知识、技能和素质的支撑。

(4) 课程资源丰富,实现共建共享。本教材配有相应的电子教学课件、项目训练题和"练一练"的答案与指导等教学资源。

本教材由李新、庞博宙担任主编,由吴超、胡晓丽担任副主编。本教材的编写分工如下:项目1和项目2由吴超编写;项目3和项目4由李新编写;项目5和项目6由庞博宙编写;项目7由赵竹海编写;项目8和项目9由胡晓丽编写。最后由李新负责统稿。

由于编者水平有限,本教材难免存在不足之处,恳请广大读者批评指正,以便于我们在今后的修订和重印过程中及时修正。

编 者

2022年1月

目录

项目 1　对统计的认识 …………………………………………………………… 001
　　任务 1-1　认识统计的含义 ………………………………………………… 001
　　任务 1-2　认识统计工作的方法和过程 …………………………………… 003
　　任务 1-3　认识常用的统计术语 …………………………………………… 005
　　项目小结 ……………………………………………………………………… 007
　　项目训练题 …………………………………………………………………… 007

项目 2　搜集数据资料 …………………………………………………………… 010
　　任务 2-1　认识统计调查的种类和方法 …………………………………… 010
　　任务 2-2　设计统计调查方案 ……………………………………………… 013
　　任务 2-3　认识统计调查的组织方式 ……………………………………… 019
　　项目小结 ……………………………………………………………………… 024
　　项目训练题 …………………………………………………………………… 025

项目 3　整理数据资料 …………………………………………………………… 027
　　任务 3-1　认识统计整理的过程 …………………………………………… 027
　　任务 3-2　对数据资料进行分组 …………………………………………… 028
　　任务 3-3　编制分配数列 …………………………………………………… 031
　　任务 3-4　编制统计表 ……………………………………………………… 043
　　项目小结 ……………………………………………………………………… 046
　　项目训练题 …………………………………………………………………… 047

项目 4　总量指标和相对指标 …………………………………………………… 050
　　任务 4-1　认识统计数据的描述方式 ……………………………………… 050

  任务 4-2 认识总量指标 ··· 051
  任务 4-3 计算相对指标 ··· 052
  项目小结 ··· 057
  项目训练题 ··· 058

项目 5 平均指标和变异指标 ··· 062
  任务 5-1 计算平均指标 ··· 062
  任务 5-2 计算变异指标 ··· 070
  项目小结 ··· 075
  项目训练题 ··· 076

项目 6 动态数列分析 ··· 080
  任务 6-1 认识动态数列 ··· 080
  任务 6-2 动态数列的水平指标 ··· 082
  任务 6-3 动态数列的速度指标 ··· 091
  任务 6-4 现象变动的趋势分析 ··· 096
  项目小结 ··· 103
  项目训练题 ··· 103

项目 7 指数分析 ··· 107
  任务 7-1 对指数的初步认识 ··· 107
  任务 7-2 编制总指数 ··· 110
  任务 7-3 利用指数体系进行因素分析 ··· 115
  项目小结 ··· 123
  项目训练题 ··· 123

项目 8 抽样推断 ··· 127
  任务 8-1 认识抽样推断 ··· 127
  任务 8-2 抽样平均误差的计算 ··· 130
  任务 8-3 抽样极限误差与概率度 ··· 133
  任务 8-4 抽样估计方法 ··· 134
  任务 8-5 确定样本容量 ··· 137
  项目小结 ··· 139
  项目训练题 ··· 139

项目 9　相关与回归分析[①] ·· 142
　　任务 9-1　认识相关分析 ·· 142
　　任务 9-2　直线回归分析 ·· 146
　　项目小结 ·· 149
　　项目训练题 ·· 150

附录　正态分布概率表 ·· 154

---

① 本项目为选学内容。

项目 1

对统计的认识

 **学习目标**

- 认识统计的含义。
- 了解统计工作的方法和过程。
- 认识总体和总体单位。
- 认识标志和指标。
- 认识变量和变量值。

任务 1-1 认识统计的含义

(1) 某校今年在校生人数为 8 651 人,平均年龄为 16.8 岁。

(2) 据国家统计局网站公布,2020 年,我国全年国内生产总值为 1 015 986 亿元,比 2019 年增长 2.3%。其中,第一产业增加值为 77 754 亿元,增长 3.0%;第二产业增加值为 384 255 亿元,增长 2.6%;第三产业增加值为 553 977 亿元,增长 2.1%。第一产业增加值占国内生产总值的 7.65%,第二产业增加值占国内生产总值的 37.82%,第三产业增加值占国内生产总值的 54.53%。

(3) 2021 年 2 月 25 日,在全国脱贫攻坚总结表彰大会上,习近平总书记强调,经过全党全国各族人民共同努力,在迎来中国共产党成立 100 周年的重要时刻,我国脱贫攻坚战取得了全面胜利,现行标准下 9 899 万农村贫困人口全部脱贫,832 个贫困县全部摘帽,12.8 万个贫困村全部出列,区域性整体贫困得到解决,完成了消除绝对贫困的艰巨任务,创造了又一个彪炳史册的人间奇迹!

(4) 我国 2020 年第七次人口普查数据显示,我国人口总数为 141 178 万人,与 2010 年的第六次人口普查相比,增加 7 206 万人,增长 5.38%,年平均增长率为 0.53%,比 2000—2010 年平均增长率 0.57%下降 0.04 个百分点。

上面的有关数据是怎么来的?这些数据有什么意义呢?这就需要进行相关的统计工作。

在人们的一般认识中,"统计"就是"计数"。小至一个人、一个家庭,大至一个企业、一个国家,都有计数的任务,一个月的收入、一年的利润都会是我们经常关心的。这些数据就是统计的成果。

从广义上来说,统计有社会经济统计和数理统计之分。社会经济统计是通过对社会经济现象的数量多少和数量关系加以计数、计算、观察和分析,借以认识社会经济现象的本质、特征和变化规律的活动。数理统计是以概率论为基础,对研究对象进行观察分析,并对其客观规律性作出合理的估计和推断。本教材只介绍社会经济统计。

在日常生活中,我们还可以见到很多用数据来分析事物发展变化规律的实例,你也试着说一些。

具体来说,统计有统计工作、统计资料和统计学三个方面的含义。其中,统计工作是指搜集、整理和分析客观事物总体数量方面资料的整个工作过程;统计资料是统计工作中所取得的各项数字资料及有关文字资料,是统计工作的成果或"产品",包括统计表、统计图、统计年鉴、统计资料汇编和统计分析报告等;统计学是研究如何搜集、整理和分析统计资料的理论与方法的学科,它是在统计工作长期实践的基础上形成和发展起来的一门独立的社会学科,是统计工作的经验总结和理论概括。

统计工作、统计资料和统计学三者之间存在着密切的联系。统计工作的成果是统计资料,统计工作的质量直接影响着统计资料的数量和质量,统计资料的需求支配着统计工作的部署;统计资料和统计学的基础是统计工作,统计学既是统计工作经验的理论概括,又是指导统计工作的原理和方法。

知识扩展

统计的特点

从统计的含义我们可以看到,统计的研究对象是社会经济现象的数量方面,统计的认识对象具有以下四个特点:

(1) 数量性。统计的认识对象是客观事物的数量方面,具体包括:① 数量的多少。② 现象间的相互关系。③ 质量互变的数量界限。

(2) 总体性。统计的研究对象是客观事物总体的数量方面。

(3) 具体性。统计的认识对象是具体事物的数量方面,而不是抽象的数量关系。

(4) 社会性。统计的认识对象是社会经济现象的数量方面。社会经济现象包含有经济、政治、军事、文化、教育、卫生等多个方面。

练一练

下列活动中,哪些属于统计工作?哪些属于统计资料?哪些属于统计学?

1. 我国国土面积 960 万平方千米,其中山地约 320 万平方千米,高原约 250 万平方千米,平原约 115 万平方千米,丘陵约 95 万平方千米。
2. 请统计一下班级学生的平均体重。
3. 我国 2020 年国内生产总值为 1 015 986 亿元,比 2019 年增长 2.3%。
4. 统计有社会经济统计和数理统计。

任务 1-2　认识统计工作的方法和过程

一、统计工作方法

请思考一下,如何解决下面几个问题:

(1) 如果你是一名裁缝师,要制作一批中学生衬衫,在不考虑其他方面因素时,你应如何裁剪衬衫的长度和宽度?

(2) 我国现有 14.117 8 亿人口,怎样快速计算出我国人口的平均年龄?

(3) 在 2021 年 7 月 23 日至 8 月 8 日举办的第 32 届夏季奥运会上,我国部分项目获奖情况如表 1-1 所示。请补全表 1-1 中所缺数据,并分析我国各项获奖情况。

表 1-1　2021 年夏季奥运会我国部分项目获奖情况统计表　　单位:枚

项目	我国获奖情况				我国各项获奖数占获奖总数的比重
	金牌	银牌	铜牌	小计	
田径	2	1	1		
乒乓球	4	3	0		
举重	8	1	0		
体操	3	3	2		
游泳	3	2	1		
跳水	7	3	0		
射击	4	1	6		
羽毛球	2	3	0		
击剑	1	0	0		
帆船	1	0	0		
……					
奖牌合计数	38	32	18		

(4)"几年来,我国的经济总量在不断增加,但人均 GDP 仍偏低,我国仍属于发展中国家。"从数量表现形式上,你如何理解这句话?

(5)下面是成年人体重的计算公式,从中你是否可以看出身高与体重之间存在着一些数量关系?

$$[身高(厘米)-100]\times 0.9 = 标准体重(千克)$$

统计工作的方法有很多,大致可归纳为大量观察法、统计分组法、综合指标法、统计推断法和统计模型法。

(1)大量观察法。大量观察法是指在统计工作中对统计对象中的全部或足够多的单位进行观察,从而得出研究对象一般数量特征的一种研究方法。

(2)统计分组法。统计分组法是指根据事物内在的性质和统计研究任务的要求,将总体各单位按照某种标志划分若干组成部分的一种研究方法。通过对所研究现象进行分组或分类研究,我们可以在同质的基础上分析不同组或类之间的差异性。

(3)综合指标法。综合指标法是指运用各种统计综合指标来反映和研究社会经济现象总体数量特征的一种研究方法。综合指标是指用来从总体上反映所研究现象数量特征和数量关系的范畴及其数值。常见的综合指标有总量指标、相对指标、平均指标和标志变异指标等。

(4)统计推断法。统计推断法是指通过对所研究现象一部分单位数量特征的认识,推断出关于总体的某种数量特征的一种研究方法。该方法是由个别到一般、由局部现象推断全部特征的方法。

(5)统计模型法。统计模型法是指根据一定的经济理论和假设条件,用数学方程去模拟现实经济现象相互关系的一种研究方法。

练一练

现在你可以说出在上面几个问题中都用了什么统计方法吗?你还能举出其他一些相应的事例吗?

二、统计工作过程

统计工作过程是指要完成一项统计任务,从工作开始到工作结束所要做的各项工作的全部过程。一般来说,一个完整的统计工作过程可以分为统计设计、统计调查、统计整理和统计分析四个阶段(如图 1-1 所示)。

统计工作过程的四个阶段并不是孤立的,也不是截然分开的,它们是紧密联系的统一整体,各个阶段之间经常交叉进行。

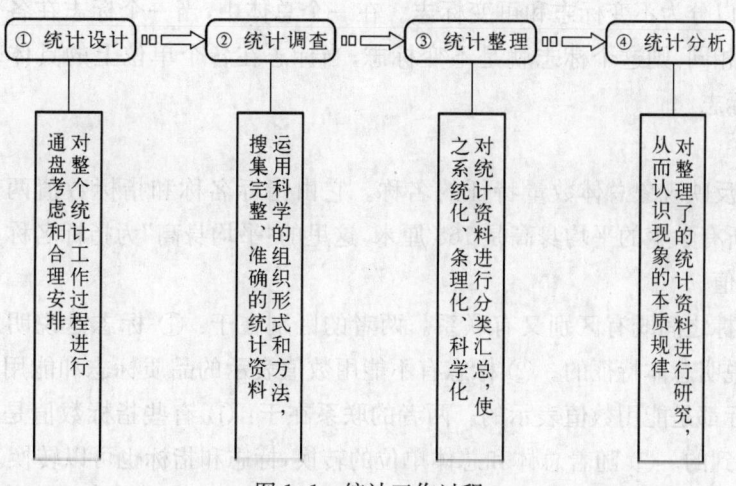

图 1-1 统计工作过程

任务 1-3 认识常用的统计术语

一、统计总体和总体单位

思考下面问题：

小满是初一(3)班的一名学生，今天班主任老师要对每一名学生定做一套服装，小满生病没在学校，应不应该为小满也定做一套？

要做好统计工作，我们就要搞清楚谁应该统计在内谁不应该统计在内，就要认清统计的总体和总体单位；否则，就不能完整地反映现象的本质特征。

很简单，统计总体简称为总体，是指根据一定的目的和要求所确定的研究事物的全体。它是由客观存在的、在同一性质基础上结合起来的许多个别事物所组成的统一整体。构成总体的每个独立的个别事物称为总体单位，也可称为个体。

在上面的问题中，要对初一(3)班的每一名学生定做一套服装，小满是班级中的一员，很显然也应为他定做一套。这里的总体就是初一(3)班的全体学生，总体单位就是班级的每一位学生。

二、标志和指标

1. 标志

标志是指表明总体单位特征的名称。例如，人有男女之别，反映男女之别这个特征的名称就是"性别"，这里的"性别"就是标志。而"男"和"女"则是标志的具体表现。

标志通常分为品质标志和数量标志。品质标志是指表明总体单位属性特征的名称，如上面的"性别"；数量标志是指表明单位数量特征的名称，如"年龄""身高"等名称。

标志还可以分为不变标志和可变标志。在一个总体中,当一个标志在各个总体单位上的具体表现都相同,则这个标志就是不变标志;当标志在各个单位上的具体表现都不尽相同,则为可变标志。

2. 指标

指标是指反映现象总体数量特征的名称。它由指标名称和指标数值两部分组成。例如,一个班级所有学生的平均身高是168厘米,这里的"平均身高"为指标名称,"168厘米"为指标的具体数值。

标志和指标之间既有区别又有联系。两者的区别在于:① 标志是说明总体单位特征的,而指标是说明总体特征的。② 标志有不能用数值表示的品质标志和能用数值表现的数量标志,而指标都是能用数值表示的。两者的联系在于:① 有些指标数值是由总体单位的标志值汇总得到的。② 随着总体和总体单位的转换,标志和指标也可以转换。

练一练

如果要研究某校学生的消费情况,请确定下面的名称是属于标志还是指标。

该校学生总数	某班学生数	某个学生的总消费额
该校学生的平均消费额	该校学生的总消费	该校学生男女消费比
某个学生平均每天消费额		该校所有男生平均消费额

属于标志的有:

属于指标的有:

三、变量和变量值

变量是指可变的数量标志。例如,某班几个学生统计学的考试成绩分别是89分、96分、72分、89分、68分、72分。成绩的具体表现有所变化,因此,这里的"成绩"就是可变的数量标志,就是一个变量。变量的具体表现就是变量值,如上面的"89分""96分""72分"等,就是变量值。

按变量值是否连续,变量可分为连续变量和离散变量。连续变量是指其变量值是连续不断的,在一定区间内可任意取值的变量。它可以用小数表示,如身高、体重等。离散变量是指其变量值是不连续的,相邻的两个数值之间都是以整数断开的变量。它不可用小数表示,如班级人数、某市的企业个数等。

知识扩展

总体的特征和指标的分类

一、总体的特征

总体具有大量性、同质性和差异性三个基本特征。其中,大量性是指总体中所包含的总体单位足够多;同质性是指总体中的各单位至少具有一种共同的性质;差异性是指总体各单位之间有一个或多个可变的品质标志或数量标志。

二、指标的分类

我们可以从不同的角度对统计指标进行不同的分类:

(1) 按所反映的数量特点不同,统计指标可以分为数量指标和质量指标。数量指标是反映现象总规模、总水平或工作总量的指标,也称为总量指标或绝对指标;质量指标是指反映总体内部数量关系和总体各单位的平均水平的指标。

(2) 按表现形式不同,统计指标可分为总量指标、相对指标和平均指标。

(3) 按所使用的计量单位不同,统计指标可分为实物指标、价值指标和劳动指标。

项目小结

本项目是对整个统计工作进行初步的认识。社会经济统计就是通过对社会经济现象的数量多少和数量关系加以计数、计算、观察和分析,借以认识社会经济现象的本质、特征和变化规律的活动。

统计有统计工作、统计资料和统计学三方面的含义。统计工作的方法大致可归纳为大量观察法、统计分组法、综合指标法、统计推断法和统计模型法。通常,一个完整的统计工作过程可以分为统计设计、统计调查、统计整理和统计分析四个阶段。

统计总体和总体单位、标志和指标、变量和变量值是统计学中常用的几个术语。统计总体简称为总体,是指根据一定的目的和要求所确定的研究事物的全体,它是由客观存在的、在同一性质基础上结合起来的许多个别事物所组成的统一整体;构成总体的每个独立的个别事物称为总体单位。标志是指表明总体单位特征的名称;指标是指反映现象总体数量特征的名称。总体和总体单位、指标和标志之间既有区别又有联系,随着研究对象的不同,它们之间可以相互转化。变量是指可变的数量标志;变量的具体表现就是变量值。

项目训练题

一、复习思考题

1. 什么是统计?统计有哪三方面的含义?

2. 一个完整的统计工作过程包括哪几个阶段？
3. 什么是总体？什么是总体单位？
4. 什么是指标？什么是标志？指标和标志有什么区别和联系？

二、单项选择题

1. "统计"的三个方面含义是（　　）。
   A. 统计调查、统计分析和统计整理　　B. 统计资料、统计工作和统计学
   C. 统计总体、总体单位和统计指标　　D. 统计资料、总体单位和统计指标
2. 要对全校学生的身高情况进行调查分析，则总体单位是（　　）。
   A. 全校所有学生　　　　　　　　　　B. 全校每一个学生的身高
   C. 全校每一位学生　　　　　　　　　D. 全校学生的平均身高
3. 根据研究的目的不同，一个对象是总体还是总体单位（　　）。
   A. 可以转化　　　　　　　　　　　　B. 只能是总体单位
   C. 只能是总体　　　　　　　　　　　D. 不可判断
4. 下列标志中，属于数量标志的是（　　）。
   A. 学生的性别　　　　　　　　　　　B. 学生的专业
   C. 学生的年龄　　　　　　　　　　　D. 学生的爱好
5. 下列选项中，属于统计指标的是（　　）。
   A. 学生的性别　　　　　　　　　　　B. 学生的平均年龄
   C. 学生的政治面貌　　　　　　　　　D. 学生的爱好
6. 下列选项中，属于品质标志的是（　　）。
   A. 学生的平均年龄　　　　　　　　　B. 学生的性别
   C. 学生的总人数　　　　　　　　　　D. 学生的平均身高
7. 我国第七次人口普查于2020年11月1日进行，总体是（　　）。
   A. 我国所有公民　　　　　　　　　　B. 我国每一个公民
   C. 每个公民的年龄　　　　　　　　　D. 平均年龄
8. 为研究某超市经营情况，该超市销售总利润为120万元，则销售总利润为（　　）。
   A. 数量标志　　　　　　　　　　　　B. 数量指标
   C. 品质标志　　　　　　　　　　　　D. 质量指标
9. 在某次统计原理考试中，小明的成绩是98分，"98分"是（　　）。
   A. 数量标志　　　　　　　　　　　　B. 品质标志
   C. 变量　　　　　　　　　　　　　　D. 变量值
10. 标志与指标的区别之一是（　　）。
    A. 标志是说明总体特征的，指标是说明总体单位特征的
    B. 指标是说明总体特征的，标志是说明总体单位特征的
    C. 指标是说明有限总体特征的，标志是说明无限总体单位特征的

D. 指标是说明无限总体特征的,标志是说明有限总体单位特征的

三、判断题

1. 一般来说,统计有统计工作、统计资料和统计学三方面的含义。　　(　　)
2. 一个完整的统计工作过程可以分为统计设计、统计整理和统计分析三个阶段。
　　　　　　　　　　　　　　　　　　　　　　　　　　　　　(　　)
3. 统计工作的几个过程是相互独立、互不联系的。　　　　　　　(　　)
4. 品质标志是指表明总体单位属性特征的名称,如"年龄""身高"等。(　　)
5. 按变量值是否连续,变量可分为连续变量和离散变量。连续变量是指其变量值是连续不断的,在一定区间内可任意取值,可用小数表示的变量。　　　　(　　)
6. 标志有不能用数值表示的品质标志和能用数值表示的数量标志,指标同样有能用数值表示的指标和不能用数值表示的指标。　　　　　　　　　　　(　　)
7. 一个对象是总体或总体单位,是一成不变的。　　　　　　　　(　　)
8. 学生人数、考试成绩都是连续变量。　　　　　　　　　　　　(　　)
9. 指标和标志都能用数值来表示。　　　　　　　　　　　　　　(　　)
10. 在第七次全国人口普查中所得到的全国人口数是统计指标。　(　　)

项目 2

搜集数据资料

 学习目标

☞ 了解统计调查的种类。
☞ 认识统计调查的具体方法。
☞ 认识统计调查方案的设计内容。
☞ 掌握统计调查表的设计与运用。
☞ 学会运用不同的专门调查方式。

任务 2-1 认识统计调查的种类和方法

要研究分析某个企业工人的日产量,我们先要搜集一定的数据资料,这就需要通过统计调查工作来实现。

一、统计调查的意义

统计调查是指按照统计研究的目的和要求,运用科学的组织形式和方法,有组织、有计划地向调查单位搜集统计资料的工作过程。

统计调查是统计工作的主要阶段,是统计工作的基础环节,担负着提供基础资料的任务,是统计整理和统计分析的前提。那么,哪些可以作为统计研究的资料呢?

> 想一想
>
> (1) 小明要想计算一下班级里学生的平均身高,经过测量所得到的班级里每一个学生的身高资料,是否可以作为调查分析资料?
> (2) 在进行全国人口普查中,对每个人的基本情况进行登记所获得的资料是否可以作为调查分析资料?
> (3) 要调查分析几年来某地人口的平均寿命变化情况,小明从该地有关部门查到的人口寿命资料是否可以作为调查分析资料?

很明显,"想一想"中提到的调查资料都可以作为统计分析的有效数据。上述资料中,前两

种资料是由统计工作人员直接对调查单位的情况进行登记或调查而取得的第一手资料,称为原始资料;第三种资料是由其他单位或个人已经加工整理了的资料,称为次级资料。所以,原始资料和次级资料都可以作为统计调查资料,我们通常所说的统计调查资料主要是指原始资料。

二、统计调查的基本要求

"想一想"中提到的调查资料中,小明要计算所在班级里50个同学现在的平均身高和平均体重,下面做法是否科学?

(1) 在测量过程中,有的同学的身高含有鞋的高度,体重中含有所带物品的重量。

(2) 按规定,要在1天时间内将身高测量完毕,而小明用了1个学期的时间。

(3) 只测量某几个同学的身高资料或体重资料。

在统计调查工作中,统计资料质量的高低直接影响到整个统计工作的成败。因此,搜集统计工作资料必须要准确、及时、全面。所谓准确,是指统计调查资料要客观、真实地反映所调查研究的社会经济现象,要做到丁是丁,卯是卯,不能有半点差错;所谓及时,是指统计调查资料必须在规定的时间内搜集完毕,要讲究统计资料的时效性;所谓全面,是指按照统计工作的要求,全面搜集统计资料,包括要调查的各个项目,否则会影响到整个统计工作的完成。

我们现在就可以作出判断,上述三种做法中,都是不科学的,分别违反了统计调查工作的准确性、及时性和全面性。

三、统计调查的种类

统计调查的种类是指在统计调查过程中根据不同的情况所采用的不同方式和方法。根据不同的调查对象和调查目的,统计调查可分为不同的类别(见表2-1)。

表 2-1 统计调查分类表

分类标志	种 类	含 义	实 例
按调查组织方式	统计报表	按照一定的表式和要求,自上而下统一布置,自下而上逐级提供统计资料的一种统计调查方式和方法	工业企业基本情况报表
	专门调查	为了研究某情况或某种问题而专门组织的一种调查方式,一般属于一次性调查,包括普查、典型调查、重点调查和抽样调查	人口普查
按调查对象包括的范围	全面调查	对调查对象中的每一个单位都一一进行调查	对某市工业设备进行普查,就要对每一台设备情况进行调查
	非全面调查	对调查对象中的一部分单位进行调查	要调查某班学生的平均月生活费情况,先对一部分学生进行调查,然后从这部分学生的生活费情况分析全班学生的情况

(续表)

分类标志	种类	含义	实例
按调查登记时间是否连续	经常性调查	对被调查对象在不同时间上的变化情况进行连续不断的登记	某企业要调查原材料的消耗情况,就要对每天原材料的消耗数量进行不断地登记
	一次性调查	对被调查对象的变动情况间隔一段时间进行不连续登记(一般间隔时间较长)	我国分别在1953年、1964年、1982年、1990年、2000年、2010年和2020年所进行的七次人口普查

四、统计调查的方法

统计调查方法是指搜集调查资料的具体方法。统计调查资料可以通过各种方法取得。归纳起来,常见的统计调查方法有直接观察法、报告法和采访法。

1. 直接观察法

小明要计算本班学生的平均身高,先要取得每个学生的身高资料。在取得每个学生的身高资料时,小明自己测量或组织班级同学分组进行测量。这种由调查者个人或核算人员到现场对被调查单位进行观察、测量、计数以取得统计资料的调查方法,就是直接观察法。在实际工作中,企业如需对期末库存物资进行盘点,就可以采用直接观察法。

2. 报告法

例如,某市教育局要调查计算该市所有职业院校学生的身高、体重、民族状况等,在取得调查资料时,教育局先设计一套统一的表格发给各职业院校,然后由各职业院校根据本院校学生的基本情况自填后再统一交到市教育局。这种由调查单位按规定填写调查表并按统一规定时间上报调查资料的搜集调查资料的方法,就是报告法。

3. 采访法

小明在计算本班级学生身高资料时,不用测量工具进行测量,而是用询问的方式对每个学生进行采访。这种根据被询问者的答复来搜集统计资料的方法就称为采访法。采访法又分为口头询问法和被调查者自填法两种。

(1) 口头询问法。口头询问法是指由调查人员直接向被调查者按调查项目要求进行提问,对提问结果进行记录的一种调查方法。

(2) 被调查者自填法。被调查者自填法是指由调查人员将调查表格交给被调查者,由调查者自己填写调查内容的一种调查方法。

在实际工作中,我们可根据调查对象的特点,结合具体情况选择合适的调查方法。

任务2-2　设计统计调查方案

统计调查是一项复杂、严肃、技术性较强的工作,不论我们采用什么方式进行调查,在开始调查之前必须明确为什么调查、向谁调查、调查什么、怎样调查等,这都要进行设计,制订出一个周密的计划或方案,以便有组织、有计划地开展统计调查工作,顺利地完成调查任务。一般来说,一个完整的统计调查方案包括以下几方面内容。

一、确定调查目的

确定调查目的就是要明确统计调查要研究和解决什么问题。只有调查目的明确了,我们才能做到有的放矢;如果调查目的不明确,就会产生不知道调查什么、向谁调查、怎样调查等一系列问题。因此,调查目的的确定是调查方案设计中最重要的问题。例如,根据国务院《关于开展第七次全国人口普查的通知》,我国第七次人口普查的主要目的是:查清第六次人口普查(2010年)以来我国人口在数量、结构、分布、城乡住房等方面的情况,为完善人口战略和政策体系,促进人口长期均衡发展,科学制定国民经济和社会发展规划,推动经济高质量发展,开启全面建设社会主义现代化国家新征程,向第二个百年奋斗目标进军,提供科学准确的统计信息支持。

二、确定调查对象和调查单位

确定调查对象和调查单位,就是为了回答向谁调查、由谁来具体提供调查资料的问题。调查对象是指某项调查中被研究的社会经济现象的总体。调查单位是指构成调查对象的每一个具体单位。

例如,小明要调查分析所在班级50名同学的身高情况,调查对象就是全班50名同学,每一个学生就是调查单位。

在进行统计调查,取得调查资料的过程中,我们还要确定填报单位。填报单位是指负责向上级填报调查表、提供调查资料的单位。例如,在上面的例子中,某市教育局为调查分析该市职业院校学生的基本情况,该市的每所职业院校就是负责向教育局填报调查表、提供调查资料的单位。应该指出的是,根据调查目的的不同,填报单位和调查单位两者有时一致,有时不一致。

三、确定调查项目

想一想

请思考一下:如果小明调查的目的是分析本班50名学生的身高情况,那么小明要调查什么呢?

调查项目是指在调查过程中要调查的内容。即调查项目就是调查中所要登记的调查单位的特征。

调查项目确定后，我们需要把它们按照一定的顺序排列在表格上，这就形成了调查表或登记表，它是统计工作中搜集统计资料的基本工具。

调查表一般由表头、表体和表脚构成。

表头：用来说明调查表的名称、填写调查单位的名称、性质、隶属关系等。表头上填写的内容一般作为核实和复查各调查单位时的依据。

表体：调查表的主体部分，包括具体的调查项目、栏号和必要的计量单位等。

表脚：一般包括调查者(填报人)的签名和调查日期等。

为了保证调查资料的完整性、准确性和统一性，我们需要在调查表下面列出填表说明和指标解释。填表说明是指提示在填写表格时应注意的事项。指标解释是指对一些主要的指标所包含的范围、所属时间、计量单位等进行的解释。

调查表一般分为单一表和一览表两种。

单一表是指将一个调查单位的调查内容填列在一份表格上的调查表。它可以容纳一个调查单位的多个项目，且便于分类整理和汇总审核。

一览表是指把多个调查单位和相应的项目按次序登记在一张表格里的调查表。它一般在调查项目不多的时候采用。

练一练

如在一次体育考试调查中，小明为体育老师设计了两份表格(见表2-2和表2-3)，我们来判断一下，它们哪个是单一表，哪个是一览表，并指出表中的表头、表体和表脚。

表2-2　学生体育成绩调查表

个人基本情况	姓　名	性　别	年　龄	身　高	体　重
各项成绩	400米跑(秒)	800米跑(秒)	1 500米跑(秒)	引体向上(次)	仰卧起坐(次)
	立定跳远(米)	投掷铅球(米)	跳高(米)	俯卧撑(次)	

学生本人签名：　　　　　　　　　　　体育教师签名：
　　年　月　日　　　　　　　　　　　　　年　月　日

表2-3　学生体育成绩调查表

班级：

姓名	性别	年龄	身高	体重	400米(秒)	800米(秒)	1 500米(秒)	引体向上(次)	仰卧起坐(次)	立定跳远(米)

体育教师签名：
　　年　月　日

四、确定调查时间

调查时间包括调查资料所属时间和调查期限两方面的含义。

1. 调查资料所属时间

调查资料所属时间是指调查什么时间点或时间段上的资料。如果要调查的对象是时期现象，就要明确要调查的是从何时起到何时止的资料。例如，要调查某企业2021年工业总产值情况，就应该搜集该企业从2021年1月1日起到2021年12月31日止每天的工业产值资料，调查时间就是2021年1月1日到2021年12月31日整个1年的时间。

如果要调查的对象是时点现象，就要确定调查资料所属的时点，也称作标准时点。例如我国第七次人口普查时规定，标准时点是2020年11月1日零时，也就是要调查在这个时间点上我国的人口状况。

2. 调查期限

调查期限就是指调查工作的起止时间，也就是从什么时间开始到什么时间调查工作结束，包括搜集资料、整理资料、报送资料等整个统计工作所需要的时间。例如，某县要调查2021年粮食产量情况，规定从2022年1月1日起开始进行调查，到2022年2月28日调查工作结束，那么调查时间就是2021年1月1日起到2021年12月31日止，调查期限就是2022年1月1日起到2022年2月28日止。

需要说明的是，调查资料所属时间与调查期限有时一致，有时不一致，在大多数情况下是不一致的。

五、制订调查组织实施计划

为了确保整个调查工作能科学、有序地进行，我们必须做好调查的组织工作。调查工作的组织具体包括以下内容:确定调查工作的领导机构;确定调查的参加单位和人员;确定调查的方式和方法;做好调查前的准备工作(如调查工作的宣传、调查人员的培训、调查工作的试点等)。

根据第七次全国人口普查方案,确定我国第七次人口普查的调查方式、调查对象、调查单位、填报单位、调查时间和调查项目等。

第七次全国人口普查方案(摘要)

第一部分　总说明

根据《中华人民共和国统计法》《中华人民共和国统计法实施条例》《全国人口普查条例》和《国务院关于开展第七次全国人口普查的通知》,制定本方案。

一、普查目的

全面查清我国人口数量、结构、分布、城乡住房等方面情况,为完善人口发展战略和政策体系,促进人口长期均衡发展,科学制定国民经济和社会发展规划,推动经济高质量发展,开启全面建设社会主义现代化国家新征程,向第二个百年奋斗目标进军,提供科学准确的统计信息支持。

二、普查时点

普查的标准时点是2020年11月1日零时。

三、普查对象

普查对象是指普查标准时点在中华人民共和国境内的自然人以及在中华人民共和国境外但未定居的中国公民,不包括在中华人民共和国境内短期停留的境外人员。

四、普查内容和普查表

普查登记的主要内容包括姓名、居民身份证号码、性别、年龄、民族、受教育程度、行业、职业、迁移流动、婚姻生育、死亡、住房情况等。

根据不同的普查对象和普查内容,具体分为四种普查表。

(一)第七次全国人口普查短表

普查短表包括反映人口基本状况的项目,由全部住户(不包括港澳台居民和外籍人员)填报。

(二)第七次全国人口普查长表

普查长表包括所有短表项目和人口的经济活动、婚姻生育和住房等情况的项目,在全部住户中抽取10%的户(不包括港澳台居民和外籍人员)填报。

(三)第七次全国人口普查港澳台居民和外籍人员普查表

港澳台居民和外籍人员普查表包括反映人口基本状况的项目以及入境目的、居住时间、身份或国籍、就业情况等项目,由在境内居住的港澳台居民和外籍人员填报。

(四)第七次全国人口普查死亡人口调查表

死亡人口调查表包括死亡人口的基本信息,由2019年11月1日至2020年10月31日期间有死亡人口的户填报。

五、普查方法

普查采用全面调查的方法,以户为单位进行登记。

普查采用按现住地登记的原则,每个人必须在现住地进行登记。普查对象不在户口登记地居住的,户口登记地要登记相应信息。

普查登记采用普查员入户询问、当场填报,或由普查对象自主填报等方式进行。

普查数据采集原则上采用电子化的方式。采取普查员使用电子采集设备(PAD或智能手机)登记普查对象信息并联网实时上报,或由普查对象通过互联网自主填报等方式进行。

普查员应按照工作要求,在户口整顿基础上对所负责普查小区进行全面摸底,掌握普查小区内的人口和居住情况,编制《户主姓名底册》,根据《户主姓名底册》进行入户登记工作,并参考部门行政记录等资料进行比对复查,确保普查登记真实准确、不重不漏。

六、普查数据处理

各级普查机构负责普查数据处理。国务院人口普查办公室统一编制数据采集、审核、编辑、汇总程序。

国务院人口普查办公室集中部署数据采集处理环境。各级普查机构应保障必要的数据处理办公环境和网络条件,采取必要的安全措施,确保数据处理工作安全、顺利地进行。

七、普查组织实施

(一)全国统一领导

国务院第七次全国人口普查领导小组负责普查组织实施中重大问题的研究和决策。普查领导小组办公室设在国家统计局,具体负责普查的组织实施。

(二)部门分工协作

领导小组各成员单位要按照职能分工,各负其责、通力协作、密切配合,共同做好普查工作。对普查工作中遇到的困难和问题,要及时采取措施予以解决。

(三)地方分级负责

地方各级人民政府设立相应的普查领导小组及其办公室,领导和组织实施本区域内的普查工作。村民委员会和居民委员会设立人口普查小组,协助街道办事处和乡镇政府动员和组织社会力量,做好本区域内的普查工作。

普查指导员和普查员可以从国家机关、社会团体、企业事业单位借调,也可以从村民委员会、居民委员会或者社会招聘。借调和招聘工作由县级人民政府负责。

(四)各方共同参与

国家机关、社会团体、企业事业单位应当按照《中华人民共和国统计法》《中华人民共和国统计法实施条例》和《全国人口普查条例》的规定,参与并配合普查工作。

八、普查质量控制

普查实行严格的质量控制制度,建立健全普查数据质量追溯和问责机制,确保普查数据可核查、可追溯、可问责。国务院人口普查办公室统一领导、统筹协调普查全过程质量控制的有关工作。地方各级普查机构主要负责人对本行政区域普查数据质量负总责,确保普查数据真实、准确、完整、及时。各级普查办公室必须严格执行各阶段工作要求,保证各阶段工作质量达到规定标准,确保普查工作质量与数据质量合格达标。

九、普查宣传

各级宣传部门和普查机构应制定宣传工作方案,深入开展普查宣传。

各级宣传部门应组织协调新闻媒体及有关部门,通过报刊、广播、电视、互联网、手机和户外广告等多种渠道,充分利用微博、微信、短视频等新媒体传播手段,宣传普查的重大意义、政策规定和工作要求,积极营造良好的普查氛围。

各级普查机构要组织开展形式多样的宣传活动,动员社会各界支持、参与普查。

十、普查法规与纪律要求

坚持依法普查,普查工作要严格按照《中华人民共和国统计法》《中华人民共和国统计法实施条例》《全国人口普查条例》《国务院关于开展第七次全国人口普查的通知》及相关规定组织开展。

普查对象应当依法履行普查义务,如实提供普查信息,不得虚报、瞒报、拒报。拒绝提供普查所需的资料,或者提供不真实、不完整的普查资料的,由县级以上人民政府统计机构责令改正,予以批评教育,情节严重的依法严肃处理。普查取得的数据,严格限定用于普查目的,不得作为任何部门和单位对各级行政管理工作实施考核、奖惩的依据。普查中获得的能够识别或者推断单个普查对象身份的资料,任何单位和个人不得对外提供、泄露,不得作为对普查对象实施处罚等具体行政行为的依据,不得用于普查以外的目的。各级普查机构及其工作人员,必须严格履行保密义务。

十一、普查主要工作阶段

普查工作分三个阶段进行:

一是准备阶段(2019年10月—2020年10月)。这一阶段的主要工作是:组建各级普查机构,制订普查方案和工作计划,进行普查试点,落实普查经费和物资,准备数据采集处理环境,开展普查宣传,选聘培训普查指导员和普查员,普查区域划分及绘图,进行户口整顿,开展摸底等。

二是普查登记阶段(2020年11月—12月)。这一阶段的主要工作是:普查员入户登记,进行比对复查,开展事后质量抽查等。

三是数据汇总和发布阶段(2020年12月—2022年12月)。这一阶段的主要工作是:数据处理、汇总、评估,发布主要数据公报,普查资料开发利用等。

十二、其他

（一）香港特别行政区、澳门特别行政区的人口数，按照香港特别行政区政府、澳门特别行政区政府公布的资料计算。

台湾地区的人口数，按照台湾地区有关主管部门公布的资料计算。

（二）因交通极为不便等特殊因素，需采用其他登记时间和方法的地区，须报请国务院人口普查办公室批准。

（三）对认真执行本方案，忠于职守，坚持原则，在普查工作中做出显著成绩的单位和个人，按照国家有关规定给予表彰奖励。

（四）本方案由国务院人口普查办公室负责解释。

任务 2-3　认识统计调查的组织方式

在我国的统计实践中，常用的统计调查组织方式有统计报表制度、普查、重点调查、典型调查和抽样调查等。其中，普查、重点调查、典型调查和抽样调查称为专门调查。

一、统计报表制度

例如，小明在某市统计局实习时，发现统计局在搜集资料时有很多资料是由统计局统一制定表式，再由基层单位报送过来。这种制度就是实际工作中的统计报表制度。

统计报表制度是指按照国家的有关法规规定，以统一的表格形式、统一的指标内容、统一的报送程序和报送时间，自上而下统一布置统计调查任务，由填报单位自下而上地逐级、定期地提供统计资料的一种调查组织方式。

1. 统计报表的特点

统计报表与其他调查组织方式相比，有以下特点：

（1）统计报表的表格形式、指标内容、计算方法等都有国家统一的规定，我们可以在统计调查前，把统计报表任务布置到基层填报单位，基层单位根据填报内容的要求，及时建立健全各种原始记录。这样一方面有利于进行科学管理，另一方面也使统计报表的资料来源建立在可靠的基础之上。

（2）统计报表自下而上逐级汇总，不仅可以满足基层单位和整个国家管理的需要，而且还为各地区、各部门提供了经济管理的基本数据。

（3）统计报表制度是一种定期的连续的调查方式，而且报表中的调查项目相对稳定，有利于系统地积累资料进行动态对比分析，有利于系统地研究经济建设和社会科技发展变化的规律。

2. 统计报表的内容

我国统计报表制度的内容主要包括报表目录、表式和填表说明三大部分。

(1) 报表目录,即对报表名称、报送日期、填表单位、填报范围等项目进行说明的一览表。

(2) 表式,即指报表的具体格式。它是统计报表制度的主要部分,统计资料就是根据表式的填报而取得的。表式包括主栏项目、宾栏指标和补充资料,以及表名、表号、填报单等内容。

(3) 填表说明,即对报表中的统计指标的概念、计算口径、计算方法和计算时应注意的问题所作的说明。

实例

下面是某省的人口报表制度的部分内容。

一、总 说 明

(一) 为了及时、准确地了解、掌握全省人口发展变化情况,为党和政府制订国民经济和社会发展计划提供可靠依据,特制定本年度统计报表制度。

(二) 本报表制度统计的内容:总人口、人口自然变动、城乡人口等情况。

(三) 本报表制度统计的范围:各县(市、区)内的所有乡、镇、街道以及场矿、企业、农场等政企合一单位。

(四) 本报表制度的人口统计口径:户籍人口。

(五) 本报表制度的数据来源:公安部门的户籍资料。

(六) 上报内容:一是综合表数据;二是基层表数据。

(七) 上报时间:2022 年 1 月 30 日前报省统计局人口与就业统计处。

(八) 本报表制度由省统计局负责解释。

二、报 表 目 录(见表2-4)

表 2-4 报表目录式样

表号	表名	报告期别	综 合 范 围	报送单位	报送方法及日期	页码
(一)综合年报						
SR301 表	年末总人口	年报	各县(市、区)内的所有乡、镇、街道以及场矿、企业、农场等政企合一单位	各省辖市统计局	电子邮件 1 月 30 日前	4
SR302 表	人口自然变动	年报	同上	同上	同上	5
SR303 表	城乡人口	年报	同上	同上	同上	6
(二)基层报表						
SR102 表	人口情况	年报	同上	同上	同上	7

三、表　式(见表2-5和表2-6)

表2-5　年末总人口

表　　号：SR301表
制表机关：××省统计局
文　　号：省统(××××)××号
审批机关：国家统计局
批准文号：国统制[××××]××号
有效期至：2022年1月

综合机关名称：　　　　　　　　　20　年　　　　　　　　　　　　计量单位：户,人

地区别	总户数	总人口			性别比
		合计	男	女	
甲	1	2	3	4	5
总　计					

单位负责人：　　　　填表人：　　　　　　　　　　　　报出日期：20　年　月　日
注：地区别列至县级。

表2-6　人口自然变动

表　　号：SR302表
制表机关：××省统计局
文　　号：××××号
审批机关：国家统计
批准文号：国统制××××号
有效期至：××××年1月

综合机关名称：　　　　　　　　　20　年　　　　　　　　　　　　计量单位：人

地区别	出生人口			出生率	死亡人口			死亡率	自然增长人口			自然增长率
	合计	男	女		合计	男	女		合计	男	女	
甲	1	2	3	4‰	5	6	7	8‰	9	10	11	12‰
总　计												

单位负责人：　　　　填表人：　　　　　　　　　　　　报出日期：20　年　月　日
注：地区别列至县级。

四、指标解释

总户数：年末本地区范围内的户数，包括家庭户(含未落常住户口的户)和集体户。

总人口：年末本地区范围内的户籍人口总数。总人口是指有常住户口和未落常住户口的人，以及被注销户口的在押犯、劳改、劳教人员。有常住户口的，由常住户口所在地统计；未落常住户口的由现住地统计。被注销户口的在押犯、劳改、劳教人员由看守所、劳改、劳教等单位统计，并送当地公安机关汇总上报。总人口中不包括现役军人。

出生人口：是指本日历年度内本地区的全部活产婴儿人数。出生人口即指出生后有生命现象的婴儿(含随即死亡的)和往年出生且其"出生"指标未统计过的小孩。已落常住户口的，由常住户口所在地统计；未落常住户口的，由现住地统计。

死亡人口：是指本日历年度内本地区的全部死亡人口总数。死亡人口是指正常和非正常死亡的人，包括出生后有生命现象随即死亡的婴儿。有常住户口的，由户口所在地统计；未落常住户口的由死亡地统计。

城区、镇区和乡村口径，根据国家统计局下发的关于印发关于统计上划分城乡的规定试行的通知的要求执行。

二、普查

例如，小明在某市统计局实习时，正赶上该市进行工业企业普查。小明思考：统计工作中搜集统计资料时，经常通过统计报表制度进行，为什么又要用普查的方式呢？

普查是指根据特定的目的而专门组织的一次性的全面调查。它主要用来调查一定时点上的社会经济现象的总量。利用统计报表制度，我们虽然可以搜集到全面的基本统计资料，但有些现象不需要或不可能进行经常性的全面调查，但又要掌握相关的资料，不必要采用统计报表制度的形式，可分批分期地进行专项调查。普查就是一种常用的专门调查方式。

普查需要按照以下基本要求进行：

(1) 规定统一的调查标准时间，避免因调查时间不一致而产生统计资料的重复和遗漏现象。如我国第七次人口普查的标准时间是2020年11月1日零时。

(2) 要统一调查项目。调查项目一经规定，不得任意改变或增减，以免影响综合汇总，降低统计资料的质量。同一性质的普查，应尽可能使历次普查项目一致，以便进行对比分析。

(3) 在普查范围内的各调查单位，应同时进行调查登记，并尽可能在尽量短的时间内完成。我国第七次人口普查规定，登记工作从2020年11月1日开始到11月10日前结束。

(4) 普查尽可能按一定的周期举行，以便进行历史资料的动态对比，研究调查对象的发展变化规律。

练一练

小明在学习中提出了以下问题，你来帮助解决一下：

(1) 假如在制订普查方案时,没有规定调查资料的标准时间,是否可以开展普查工作?

(2) 在第七次人口普查中,2020 年 11 月 1 日零时出生的小孩,是否应该登记?2020 年 11 月 1 日 1 时出生的小孩,是否应该登记?

(3) 在第七次人口普查中,2020 年 10 月 31 日 12 时死亡的人员,是否应该登记?2020 年 11 月 1 日 1 时死亡的人员,是否应该登记?

(4) 我国第七次人口普查规定,登记工作从 2020 年 11 月 1 日开始到 11 月 10 日前结束,有一位专家已于 2020 年 10 月 26 日出国考察,将于 2020 年 11 月 20 日回国,此专家是否应该进行登记?

三、重点调查

前面我们已经提到,除了普查,专门调查还包括重点调查、典型调查、抽样调查等。

重点调查是指专门组织的为了了解总体的基本情况,从总体中选择一部分重点单位进行的非全面调查。做好重点调查的关键在于选择重点单位。所谓重点单位,是指这些单位的数目在总体单位总数中只占一小部分,但它们的某一主要标志的标志总量在全部总体指标数值中占有较大比重的单位。调查这部分重点单位的情况,就可以反映出被研究现象的基本情况或基本趋势。

例如,某市为了反映本市工业企业 2021 年的纳税情况,选择了该市职工人数较多、年产值较大、年利税较多的几个规模较大的企业进行调查分析,通过对这些企业的生产经营状况进行调查分析,就可以掌握该市 2021 年总体的税收状况。

四、典型调查

典型调查是指根据统计调查的目的和要求,在对研究对象总体作全面分析的基础上,有意识地从中选择具有代表性的个别单位进行调查的方式。它是一种非全面调查。

典型调查可以弥补全面调查的不足。全面调查的调查单位较多,工作量大,包含的调查项目不能太多,因此反映的情况往往不全面。如果在全面调查的同时,我们能及时地选取几个典型单位做深入细致的调查研究,就可以获得全面调查所无法得到的翔实的具体情况。利用典型调查,我们可以了解到事物发展变化的进程、事物发展变化的原因等许多数量特征以外的东西。典型调查资料可以成为科学推算的基础。

五、抽样调查

抽样调查是指按照随机原则,从现象总体中抽取一部分单位作为样本进行调查,并用样本的指标数值去推断总体指标数值的一种非全面调查的组织形式。

抽样调查有以下几个特点:① 按随机原则抽取样本,每个单位是否被抽中,不依个人的主观臆断。② 可以通过样本的数值推断总体的指标数值。③ 在利用样本数值推断总体数值时,会产生误差,但误差可以事先计算并加以控制。

抽样调查方法的运用将在以后的项目中作专题讲解。

统计报表的分类

（1）按调查的范围不同，统计报表可分为全面统计报表和非全面统计报表。全面统计报表要求调查对象的每一单位逐一填报；非全面统计报表只要求调查对象中的一部分单位填报。

（2）按照填报单位的不同，统计报表可分为基层报表和综合报表。基层报表是由基层企事业单位填报的统计报表；综合报表是由主管部门或统计部门根据基层报表逐级汇总填报的统计报表。

（3）按报送周期长短不同，统计报表可分为日报、旬报、月报、季报、半年报和年报。

（4）按照报送的方式不同，统计报表可分为邮寄、电讯和网络传输等。

（5）按照报表内容和实施范围不同，统计报表可分为国家统计报表、部门统计报表和地方统计报表。

本项目介绍了统计资料搜集（即统计调查）过程中的相关知识。统计调查是统计工作的第二个阶段，它是指按照统计研究的目的和要求，运用科学的组织形式和方法，有组织、有计划地向调查单位搜集统计资料的工作过程。在统计调查过程中，数据资料的来源可以是原始资料，也可以是次级资料，数据资料应该保证准确、及时和全面。

统计调查的种类是指在统计调查过程中根据不同的情况所采用的不同的方式和方法。根据不同的调查对象和调查目的，统计调查可分为不同的类别。按组织方式不同，统计调查可分为统计报表制度和专门调查；按调查对象包括的范围不同，统计调查可分为全面调查和非全面调查；按登记时间是否连续，统计调查可分为经常性调查和一次性调查。

统计调查方法是指搜集调查资料的具体方法。统计调查资料可以通过各种方法取得，常见的统计调查方法有直接观察法、报告法、采访法。

为了使整个统计工作科学有序地进行，在进行统计调查前，我们要制订严密的统计调查方案。一个完整的统计调查方案一般包括：① 确定调查目的。② 确定调查对象和调查单位。③ 确定调查项目。④ 确定调查时间。⑤ 安排调查的组织实施。

在我国的统计实践中，常用的统计调查方式有统计报表制度、普查、重点调查、典型调查和抽样调查。其中，普查、重点调查、典型调查和抽样调查称为专门调查。统计报表制度是指按照国家的有关法规规定，以统一的表格形式、统一的指标内容、统一的报送程序和报送时间，自上而下统一布置统计调查任务，由填报单位自下而上地逐级、定期地提供统计资料的一种调查组织方式。普查是指根据特定的目的而专门组织的一次性的全面调查。重点调查是指专门组织的为了了解总体的基本情况,从总体中选择一部分重点单位进行的调查。做好重点调查的关键在于选择重点单位。典型调查是指根据统计调查的目的和要求,在对研究对象总体作全面分析的基础上,有意识地从中选择具有代表性的个别单位进行调查的方式。抽样调查是指按照随机原则,从现象总体中抽取一部分单位作为样本进行调查,并用样本的指标数值去推断总体指标数值的一种调查组织形式。其中,统计报表制度、普查属于全面调查,重点调查、典型调查和抽样调查属于非全面调查。

项目训练题

一、复习思考题

1. 什么是统计调查?统计调查有哪些基本要求?
2. 统计调查是如何划分的?
3. 一个完整的统计调查方案包括哪些方面的内容?
4. 普查有哪些基本要求?
5. 什么是全面调查?什么是非全面调查?

二、单项选择题

1. 在统计调查中,可以作为统计调查资料的是(　　)。
   A. 原始资料和次级资料　　　　B. 只能是原始资料
   C. 只能是次级资料　　　　　　D. 必须是全部资料
2. 统计调查中的原始资料和次级资料的关系是(　　)。
   A. 原始资料就是次级资料　　　B. 次级资料是从原始资料过渡来的
   C. 次级资料是次要的资料　　　D. 两者没有关系
3. 调查单位和调查对象是个体与总体的关系,如果调查对象是全校学生,则调查单位是(　　)。
   A. 每个班级　　　　　　　　　B. 每一个学生
   C. 全校所有学生　　　　　　　D. 每一个教师
4. 划分全面调查和非全面调查的标准是(　　)。
   A. 调查资料是否准确及时　　　B. 调查方案是否完备
   C. 是否对全部调查单位进行调查　D. 调查资料是否一次性获得
5. 在第七次全国人口普查中,每一个中华人民共和国公民是(　　)。
   A. 填报单位　　B. 调查对象　　C. 调查项目　　D. 调查单位
6. 我国第七次人口普查属于(　　)。
   A. 非全面调查　B. 重点调查　　C. 全面调查　　D. 典型调查
7. 抽样调查按组织形式分,属于(　　)。

A. 非全面调查　　B. 专门调查　　C. 全面调查　　D. 一次性调查

8. 区分重点调查和典型调查的标准是(　　)。
   A. 搜集资料的方法不同　　　　B. 确定调查单位的标准不同
   C. 调查单位的性质不同　　　　D. 确定调查的时间不同

9. 重点调查中的重点单位是指(　　)。
   A. 这些单位的数目在总体中占大部分
   B. 这些单位的标志值在总体标志值中占有很大比重
   C. 这些单位是工作中的重点单位
   D. 这些单位都是工作成绩比较突出的单位

10. 为了推广先进经验,有意识地选择几个单位进行调查,这种调查属于(　　)。
    A. 非全面调查　　B. 重点调查　　C. 全面调查　　D. 典型调查

三、判断题

1. 统计调查是按照统计研究的目的和要求,运用科学的组织形式和方法,有组织、有计划地向调查单位搜集统计资料的工作过程。(　　)
2. 按调查的组织方式分,统计调查分为统计报表、全面调查和非全面调查。(　　)
3. 调查期限是进行调查工作的时限,也就是调查时间。(　　)
4. 统计调查中的所有次级资料都是从原始资料过渡来的。(　　)
5. 经常性调查都是定期调查,一次性调查都不是定期调查。(　　)
6. 一次性调查对现象只作一次调查,以后不再进行调查了。(　　)
7. 统计调查中的调查单位和填报单位是一致的。(　　)
8. 抽样调查可以是定期的,也可以不是定期的。(　　)
9. 抽样调查是按照随机原则,从现象总体中抽取一部分单位作为样本进行调查,并用样本的指标数值去推断总体指标数值的一种非全面调查的组织形式。(　　)
10. 重点调查是指由调查者根据调查的目的从总体中有意识地选择一些单位进行的调查。(　　)

项目 3

整理数据资料

学习目标

☞ 了解统计整理的过程。
☞ 熟悉对数据资料的科学分组。
☞ 掌握编制分配数列的步骤和方法。
☞ 掌握计算机汇总技术。
☞ 掌握编制统计表的结构和种类。
☞ 了解统计汇总的形式和方法。

任务 3-1 认识统计整理的过程

一、对统计整理的整体认识

小明为了调查分析所在班级里 50 名同学的身高情况,按照班级座号进行测量,测得的身高资料如下(单位:厘米):

160(女)、168(女)、170(男)、150(女)、155(女)、166(女)、169(男)、156(女)、162(女)、173(男)、169(女)、164(男)、166(女)、168(女)、175(男)、154(女)、159(女)、163(女)、160(女)、157(女)、171(男)、167(女)、171(男)、168(男)、165(女)、169(男)、162(女)、157(女)、164(女)、158(女)、181(男)、165(女)、168(男)、161(女)、172(女)、167(男)、169(男)、170(男)、163(女)、162(女)、168(男)、165(女)、162(女)、161(女)、159(女)、163(男)、163(女)、169(男)、170(男)、173(男)

如何进行分析呢?我们来帮助小明一下。

针对以上资料,我们可以从多个方面进行分析。如我们可以分析计算平均身高是多少,低于 160 厘米的学生、高于 170 厘米的学生分别占全班学生人数的百分之几;在女生中低于 155 厘米、高于 165 厘米的同学分别占全部女生的百分之几,在男生中低于 165 厘米、高于 170 厘米的同学分别占全部男生的百分之几等,还有很多种分析方法。

根据一定的分析目的,结合上面数据资料的排列顺序,我们是否很容易进行分析呢?

因为上面的数据资料排列较乱,不利于分析,我们可事先把它整理一下。表 3-1 是一位同学对上面资料的整理思路,请你帮他填入所缺的资料。

表 3-1　××班学生身高情况统计表

分　类　情　况	具　体　数　据	数　据　个　数
小于 160 厘米		
大于或等于 160 厘米且小于 170 厘米		
大于或等于 170 厘米		

通过表 3-1，我们可以看出，前面杂乱无章的数据在表中显得更有条理。统计整理是指根据统计研究的目的，对统计调查过程中所搜集到的资料进行科学加工，使之系统化、条理化的工作过程。在整个统计工作中，统计整理起着承上启下的作用，它是统计调查工作的继续，又是统计分析的前提。

二、统计整理的步骤

统计整理要经过哪些阶段呢？一般来说，统计整理有以下步骤：

（1）根据统计研究任务的要求，设计和编制统计整理方案，对整理工作的程序和整理的具体内容做统一的安排。

（2）对统计资料的完整性和准确性进行审核。

（3）对审核无误的资料进行分组和汇总。

（4）对汇总的资料进行再次审核。

（5）将统计整理的结果用表格的形式表现出来或绘制成统计图。

练一练

请思考一下，上面的资料是否还有其他的整理方式呢？请自己做一下。

任务 3-2　对数据资料进行分组

在任务一中，我们为了研究学生的身高情况，对搜集来的资料进行了归纳整理，这就是统计分组。统计分组是指根据统计研究的目的及研究对象的特点，按某一标志将统计总体分成若干组成部分的一种统计分析方法。统计分组实际上是通过分组保持组内统计资料的同质性，组间统计资料的差异性。统计分组是统计整理的核心工作，在统计分析中起着非常重要的作用。

一、分组标志的选择

想一想

表3-2是某大学一年级某班学生的基本情况资料,现在要对其进行分析,我们如何进行分组呢?

表3-2　××班学生基本情况登记表

姓　名	性　别	年龄(岁)	身高(厘米)	体重(千克)	籍　贯	爱　好
王小兵	男	21	176	73	新疆	音乐
张肖肖	女	23	170	61	广西	篮球
梁一柱	男	19	180	78	北京	绘画
魏　良	女	19	168	56	河南	音乐
庞明理	男	20	172	69	安徽	音乐
王娟娟	女	22	165	60	北京	篮球
李　明	女	21	170	62	天津	阅读
王二虎	男	20	177	71	山西	足球
赵　月	女	19	168	58	山西	阅读
李　杰	女	20	166	54	北京	乒乓球
封乐康	男	21	181	80	河南	篮球
钱爱华	女	20	172	66	天津	乒乓球
肖曼曼	女	23	165	53	广东	音乐
黄甫永昌	男	19	168	72	安徽	足球
李　丽	女	22	166	64	上海	乒乓球
王　冉	女	24	166	65	上海	音乐
李　勇	男	19	165	58	北京	篮球
孙　静	女	22	160	53	河北	音乐
冯　刚	男	20	167	55	河北	乒乓球
张青林	男	19	169	64	天津	乒乓球

针对表3-2所示的资料,根据不同的研究目的,我们可以进行多种分组,分别可以按性别、年龄、身高、体重等任意一个标志或多个标志进行分组。

分组标志也就是分组的依据,统计分组的关键是分组标志的选择。在选择分组标志时,

我们应选择能说明总体本质特征的标志,将其作为分组标志。一般来说,选择分组标志应注意遵守以下原则:

(1) 分组标志要能反映现象特征。

(2) 要根据研究目的,选择最重要的、最具现实意义的分组标志。

(3) 要根据现象所处的历史条件的变化选择分组标志。

针对表 3-2 的资料,如果我们要分析该班学生的性别构成情况,就可以按性别进行分组,而不需要考虑其籍贯、爱好等情况。

二、统计分组方法

选择不同的分组标志,就会形成不同的分组,其分组方法也不相同。统计分组主要有以下分类。

1. 按分组标志多少,统计分组可分为简单分组和复合分组

简单分组是指按一个标志进行的分组。它只能从一个角度说明现象的分布状况和内部构成。表 3-2 按性别进行分组,可以分为男和女两组(见图 3-1)。

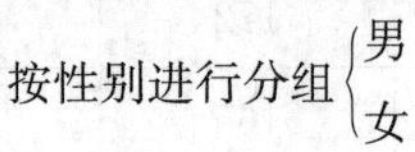

$$按性别进行分组\begin{cases}男\\女\end{cases}$$

图 3-1 简单分组(按性别进行分组)

那么,按籍贯和爱好分别可以分为几组呢?请同学们自己做一做。

复合分组是指对研究总体按两个及两个以上标志进行的层叠分组。经过第一次分组后,以后的分组都是在前一次分组的基础上进行再次分组。例如,我们可以对表 3-2 进行复合分组(见图 3-2)。

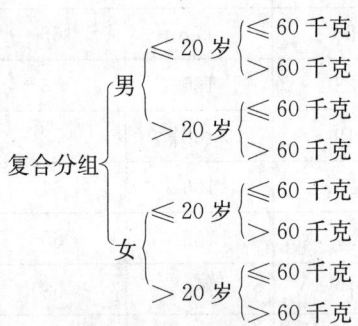

图 3-2 复合分组

2. 按分组标志性质,统计分组可分为品质分组和数量分组

品质分组是指按反映事物属性或质的特征的品质标志进行的分组。例如,我们可以对表 3-2 按性别进行的分组、按籍贯进行的分组等。

数量分组是指按反映事物数量特征的数量标志进行的分组。例如,我们可以对表 3-2 按年龄进行的分组等。

 练一练

表 3-2 还有没有其他按品质标志进行的分组或按数量标志进行的分组?

任务 3-3 编制分配数列

一、分配数列的含义

经过思考,小明对表 3-2 分别按照不同标志进行了如下分组。

1. 按性别分组(见表 3-3)

表 3-3 ××班学生性别构成分布表

按性别分组	人数(人)
男	9
女	11
合　计	20

2. 按籍贯分组(见表 3-4)

表 3-4 ××班学生籍贯构成分布表

按籍贯分组	人数(人)
北　京	4
天　津	3
上　海	2
河　北	2
河　南	2
广　东	1
广　西	1
安　徽	2
新　疆	1
山　西	2
合　计	20

3. 按年龄分组(见表 3-5)

表 3-5 ××班学生年龄构成分布表

按年龄分组	人数(人)
19	6
20	5
21	3
22	3
23	2
24	1
合　　计	20

像表 3-3 至表 3-5 这样,根据统计研究的目的,将总体中的所有单位按照一定的标志分组,并按一定顺序进行排列所构成的表明总体单位在各组之间的分布特征的数列,称为分配数列或分布数列。

通过观察,我们可以发现,分配数列由两部分组成:一部分是所分的组,另一部分是分配次数(或频数)。

二、分配数列的种类

根据表 3-2,我们再编制表 3-6 和表 3-7,请同学们自己填写表中所缺数字。

表 3-6 ××班学生身高构成分布表

按身高分组(厘米)	人数(人)
160～165	
165～170	
170～175	
175～180	
180～185	
合　　计	20

表 3-7 ××班学生身高构成分布表

按身高分组(厘米)	人数(人)
160～165	
165～175	
175～180	
180～185	
合　　计	20

想一想

在表 3-2 至表 3-7 的 6 个分配数列中,分组标志和变量值的表现有什么不同呢?

1. 分配数列的种类

按分组标志的特征不同,分配数列可以分为品质数列和变量数列两种。按品质标志分组形成的分配数列称为品质分配数列,简称品质数列。品质数列主要由各组的名称和各组的次数两部分组成。按数量标志分组所形成的分配数列称为变量分配数列,简称变量数列。变量数列由各组的变量值和各组的次数两部分组成。

变量数列按照数列的形式可分为单项数列和组距数列。单项数列是指以一个变量值作为一组所编制的变量数列。单项数列一般在变量值不多且变量值的变动范围不大,变量呈离散型条件下采用。组距数列是指用变量值变动的一定范围代表一个组而编制的变量数列。当变量值较多,变量值变动范围也比较大时,或变量呈连续型条件下采用。

2. 组距数列中的几个基本概念

在组距数列中,表示各组界限的变量值称为组限,其中较小的变量值称为下限,较大的变量值称为上限,各组上限与下限之间的距离称为组距,上限与下限之间的中点值称为组中值。

组距、组中值与上限和下限的关系为:

$$组距 = 上限 - 下限$$

$$组中值 = \frac{上限 + 下限}{2}$$

在编制组距数列时,"××以上"或"××以下"这样不确定具体组限的组称为开口组。利用开口组的形式,我们可以将个别特大或特小的变量值的单位包括在有关组中(见表 3-8)。

表 3-8 ××××年××市商业超市零售额分布情况表

按月零售额分组	超市个数(个)
20 万元以下	52
20 万~40 万元	36
40 万~60 万元	20
60 万~80 万元	8
80 万~100 万元	2
100 万元以上	1
合 计	119

开口组的组中值的计算方法如下：

$$缺下限的组的组中值 = 上限 - \frac{相邻组组距}{2}$$

$$缺上限的组的组中值 = 下限 + \frac{相邻组组距}{2}$$

练一练

请将表 3-8 各组的组中值计算后填入表 3-9。

表 3-9　组中值计算表

按月零售额分组	组中值（万元）	超市个数（个）
20 万元以下		52
20 万~40 万元		36
40 万~60 万元		20
60 万~80 万元		8
80 万~100 万元		2
100 万元以上		1
合　计		119

根据各组组距是否相等，组距数列可分为等距数列和异距数列。我们在编制组距数列时，是采用等距数列还是异距数列，要结合研究目的和现象的特点而定，一般说来，在变量值的变化比较均匀时，采用等距分组；在变量值变化不均匀时，采用异距分组。

总括以上分析，我们可以将分配数列的分类进行归纳（见图 3-3）。

$$分配数列\begin{cases}品质数列\\变量数列\begin{cases}单项数列\\组距数列\begin{cases}等距数列\\异距数列\end{cases}\end{cases}\end{cases}$$

图 3-3　分配数列分类结构图

练一练

根据所学知识，请指出表 3-2 至表 3-8 的 7 个分配数列分别是什么类型的数列。

三、编制变量数列的方法步骤及注意事项

下面是小明所在班级里 50 名同学的身高资料，现在对其进行整理编制分配数列（单位：

厘米)：

160	168	170	150	155	166	169	156	162	173
169	164	166	168	175	154	159	163	160	157
171	167	171	168	165	169	162	157	164	158
181	165	168	161	172	167	169	170	163	162
168	165	162	161	159	163	163	169	170	173

(1) 对上述资料按照从小到大的顺序进行排列，计算出全距。

全距＝最大值－最小值＝181－150＝31(厘米)

(2) 确定变量数列的形式。经观察，身高数据资料中的变量值的类别较多，且变动幅度较大，不宜编制单项数列，应编制组距数列。

(3) 确定组距与组数。一般地，组距和组数有如下的关系：

$$组数 = \frac{全距}{组距}$$

在确定组数和组距时，我们应尽量反映出所研究现象的分布特征。当标志值的变化较均匀时，宜采用等距分组编制数列；当标志值变化不均匀时，宜采用异距分组编制数列。为计算方便，组距宜采用 5 或 10 的倍数。

(4) 确定组限。在确定组限时，我们一般要做到最小组的下限略低于最小变量值，最大组的上限要略高于最大变量值。如果变量值有特大或特小的极端变量值，最小组可用"××以下"表示，最大组可用"××以上"表示。对于等距数列，如果组距是 5，10，100，…，那么每组的上下限最好是它们的倍数。

对于上面资料，我们可以编制如表 3－10 所示的变量数列(各组人数自己来填一填)。

表 3－10　××班学生身高构成分布表

按身高分组	人数(人)
155 厘米以下	
155～165 厘米	
165～175 厘米	
175 厘米以上	
合　　计	50

想一想

在上面的资料中，有一个身高 155 厘米和三个身高 165 厘米的同学，想一想，你应将他们放在哪一组中？如果你自己的身高是 165 厘米，你又愿意站在哪一组呢？

由于变量有连续型和离散型之分,在划分组限时,对于连续变量要采用相邻组的组限重叠的形式,此时,与组限相同的变量值,其所在的组按以下两个原则确定:对于变量值越大越好的变量,按"上组限不在内"原则处理;对于越小越好的变量,按"下组限不在内"的原则处理。

四、计算机汇总技术

小明近期学习了计算机基础知识,发现 Excel 电子表格有着强大的计算功能,想在统计工作中进行应用。下面是小明同学总结了几个方面的应用。

(一) 一般汇总

1. 单位数汇总

第一步,在电子表格中输入数据(见表 3-2),如图 3-4 所示。

图 3-4 输入数据表

第二步,在表格中的"姓名"栏的最下方选择 A23 单元格,单击"插入"菜单中的"函数"命令,打开"插入函数"对话框,在"选择类别"选项中选择"统计"项,在"选择函数"选项中选中 COUNTA (函数"COUNTA"可以统计含有数字或文字的非空单元格的个数),如图 3-5 所示。

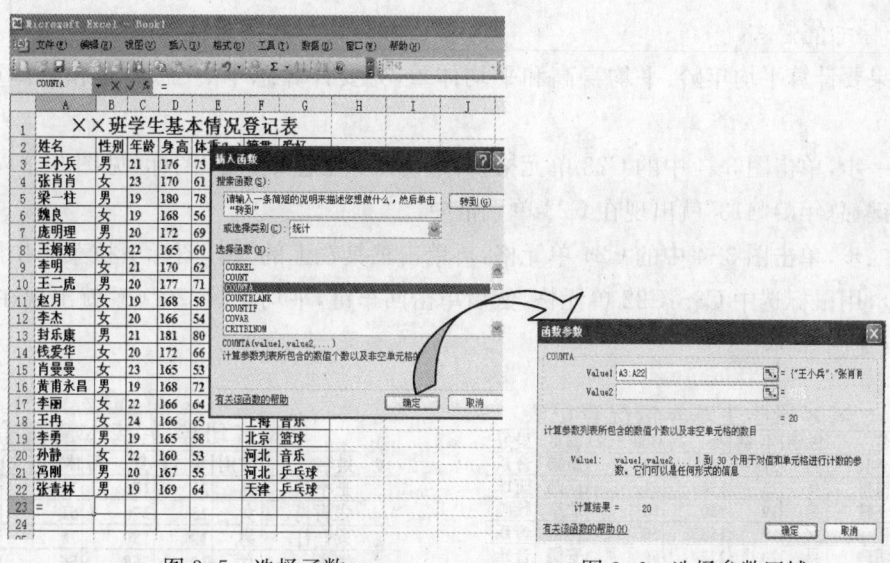

图 3-5　选择函数　　　　　　　图 3-6　选择参数区域

第三步,单击"确定"按钮,打开"函数参数"对话框(见图 3-6),鼠标指针指向 A3 单元格中的"王小兵",按住鼠标左键不动,然后向下拖到 A22 单元格中的"张青林",在图 3-6 中单击"确定"按钮,总体单位总数"20"就直接在"张青林"下方的 A23 单元格中显示出来(见图 3-7)。

图 3-7　显示结果

2. 标志值汇总

如果要计算平均年龄、平均身高和平均体重，先要计算总年龄、总身高和总体重，步骤如下：

第一步，单击图3-4中的C23单元格，再单击工具栏上的"∑"图标（见图3-8），然后单击回车键，总年龄"413"就出现在C23单元格中。

第二步，单击图3-4中的C24单元格，再单击工具栏上的"∑"图标下拉菜单中的"平均值"命令，用鼠标选中C3～C22单元格，然后单击回车键，平均年龄"20.65"就出现在C24单元格中（见图3-9）。

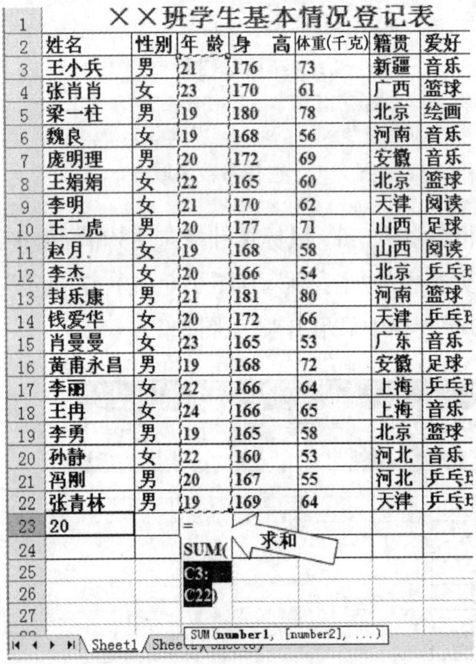

图 3-8　对数据求和　　　　　　　　图 3-9　对数据求平均数

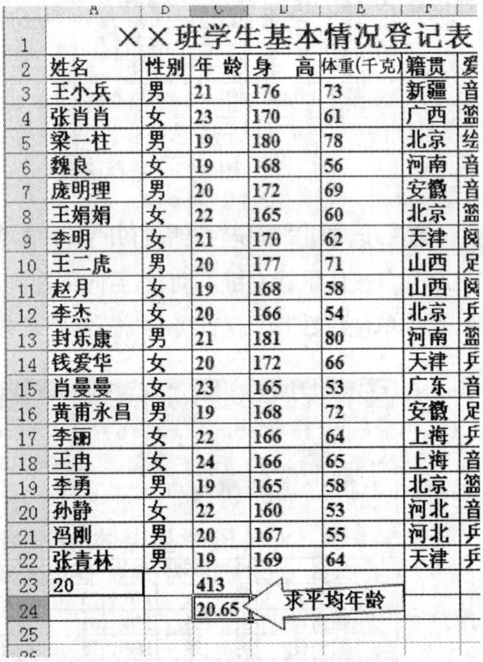

第三步，同时选中C23单元格和C24单元格，用鼠标指针指向C24单元格的右下方，当鼠标指针变为"十"时，按住鼠标将鼠标拖动到D24单元格，松开鼠标，身高和体重的汇总数和平均数就自动填充到单元格中（见图3-10）。

练一练

利用电子表格还可以有其他方面的计算，如计算最大值、最小值等，自己试着做一下。

（二）分类汇总

小明为了分别汇总男生人数和女生人数，采用了电子表格汇总技术，步骤如下：

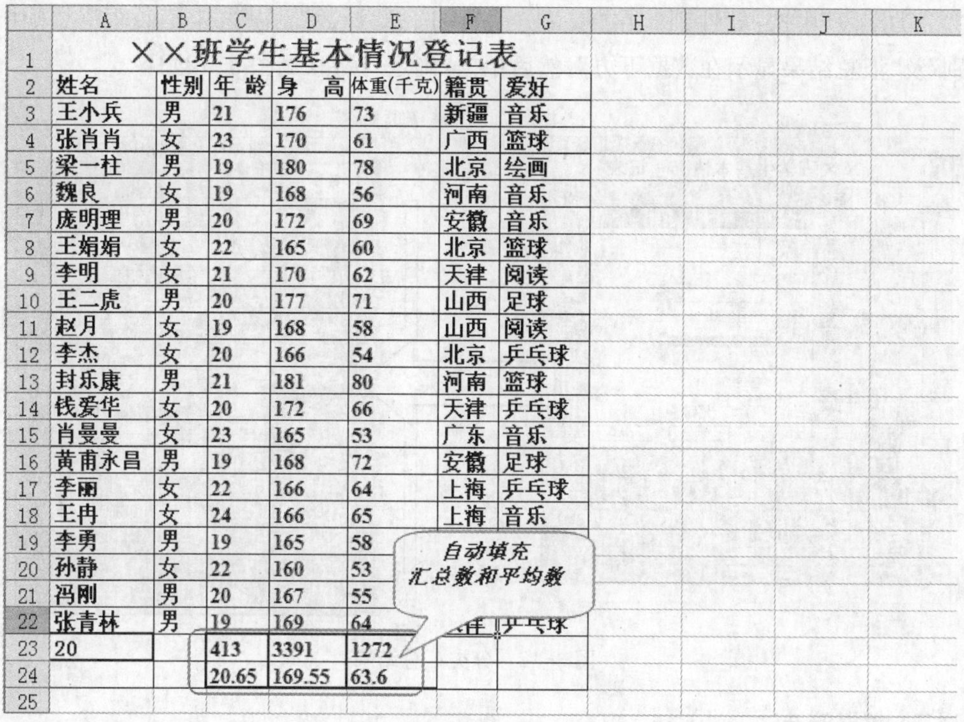

	A	B	C	D	E	F	G
1	××班学生基本情况登记表						
2	姓名	性别	年 龄	身 高	体重(千克)	籍贯	爱好
3	王小兵	男	21	176	73	新疆	音乐
4	张肖肖	女	23	170	61	广西	篮球
5	梁一柱	男	19	180	78	北京	绘画
6	魏良	女	19	168	56	河南	音乐
7	庞明理	男	20	172	69	安徽	音乐
8	王娟娟	女	22	165	60	北京	篮球
9	李明	女	21	170	62	天津	阅读
10	王二虎	男	20	177	71	山西	足球
11	赵月	女	19	168	58	山西	阅读
12	李杰	女	20	166	54	北京	乒乓球
13	封乐康	男	21	181	80	河南	篮球
14	钱爱华	女	20	172	66	天津	乒乓球
15	肖曼曼	女	23	165	53	广东	音乐
16	黄甫永昌	男	19	168	72	安徽	足球
17	李丽	女	22	166	64	上海	乒乓球
18	王冉	女	24	166	65	上海	音乐
19	李勇	男	19	165	58		
20	孙静	女	22	160	53		
21	冯刚	男	20	167	55		
22	张青林	男	19	169	64	天津	乒乓球
23	20		413	3391	1272		
24			20.65	169.55	63.6		
25							

图 3-10　计算汇总数和平均数

第一步，对数据进行排序。选定工作表中需要排序的部分，单击“数据”菜单中的“排序”命令，打开“排序”对话框，在“主要关键字”中选择“性别”选项，然后单击“升序”按钮，在“我的数据区域”中单击“有标题行”，最后单击“确定”按钮，就可以对数据按性别进行排序（见图 3-11）。

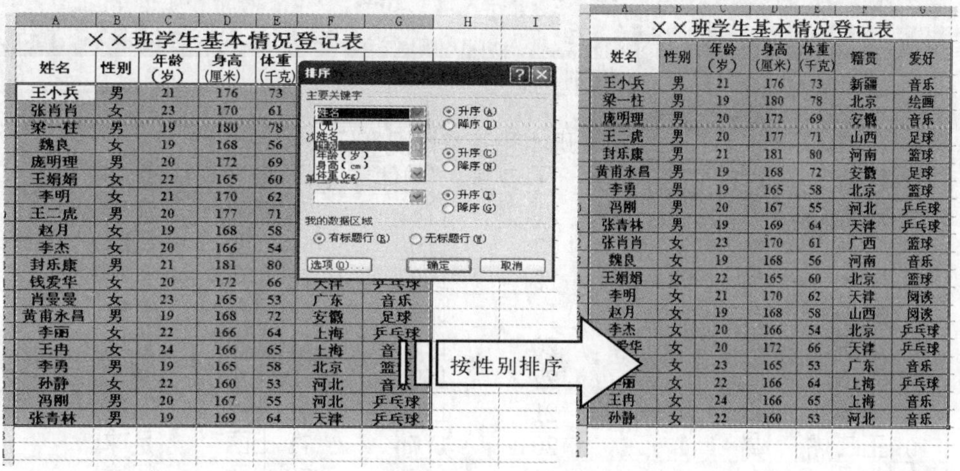

图 3-11　按性别排序

第二步，单击“数据”菜单中的“分类汇总”命令，打开“分类汇总”对话框，在对话框中，分别在“分类字段”中选择“性别”，在“汇总方式”中选择“计数”，在“选定汇总项”选项中选择“性别”及“汇总结果显示在数据下方”，然后单击“确定”按钮（见图 3-12）。

	××班学生基本情况登记表						
2	姓名	性别	年龄（岁）	身高（厘米）	体重（千克）	籍贯	爱好
3	王小兵	男	21	176	73	新疆	音乐
4	梁一柱	男	19	180	78	北京	绘画
5	庞明理	男	20	172	69	安徽	音乐
6	王二虎	男	20	177	71	山西	足球
7	封乐康	男	21	181	80	河南	篮球
8	黄甫永昌	男	19	168	72	安徽	足球
9	李勇	男	19	165	58	北京	篮球
10	冯刚	男	20	167	55	河北	乒乓球
11	张青林	男	19	169	64	天津	乒乓球
12	男 计数	9					9
13	张肖肖	女	23	170	61	广西	篮球
14	魏良	女	19	168	56	河南	音乐
15	王娟娟	女	22	165	60	北京	篮球
16	李明	女	21	170	62	天津	阅读
17	赵月	女	19	168	58	山西	阅读
18	李杰	女	20	166	54	北京	乒乓球
19	钱爱华	女	20	172	66	天津	乒乓球
20	肖曼曼	女	23	165	53	广东	音乐
21	李丽	女	22	166	64	上海	乒乓球
22	王冉	女	24	166	65	上海	音乐
23	孙静	女	22	160	53	河北	音乐
24	女 计数	11					11
25	总计数	20					20

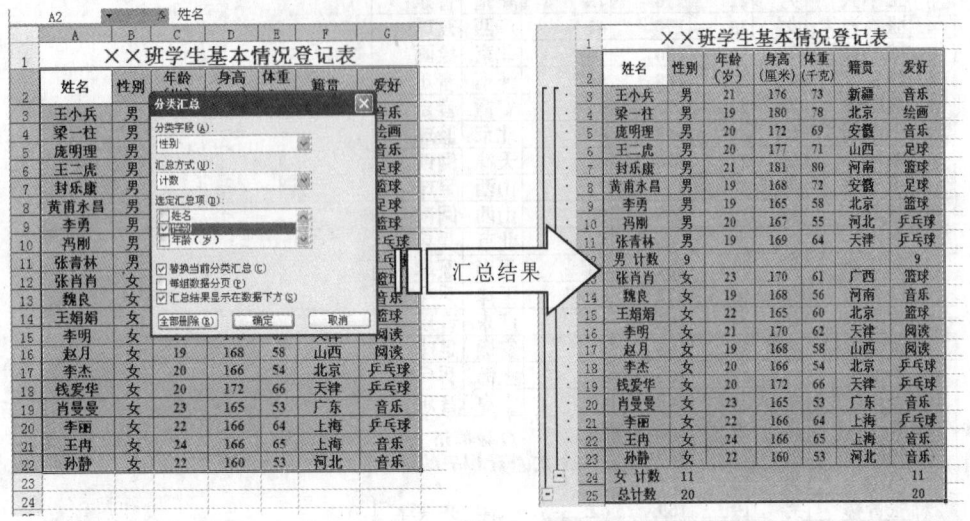

图 3-12 分类汇总结果

（三）数据筛选

1. 自动筛选

小明要将表 3-2 中的性别是属于“男”的学生筛选出来，要经过以下几个步骤：

第一步，在 Excel 电子表格中，单击“数据”工具栏下“筛选”命令中的“自动筛选”子命令，在每个字段的右边出现一个倒立的实心三角形（见图 3-13）。

	A	B	C	D	E	F	G
1	××班学生基本情况登记表						
2	姓名	性别	年龄	身高	体重（kg	籍贯	爱好
3	王小兵	男	21	176	73	新疆	音乐
4	张肖肖	女	23	170	61	广西	篮球
5	梁一柱	男	19	180	78	北京	绘画
6	魏良	女	19	168	56	河南	音乐
7	庞明理	男	20	172	69	安徽	音乐
8	王娟娟	女	22	165	60	北京	篮球
9	李明	女	21	170	62	天津	阅读
10	王二虎	男	20	177	71	山西	足球
11	赵月	女	19	168	58	山西	阅读

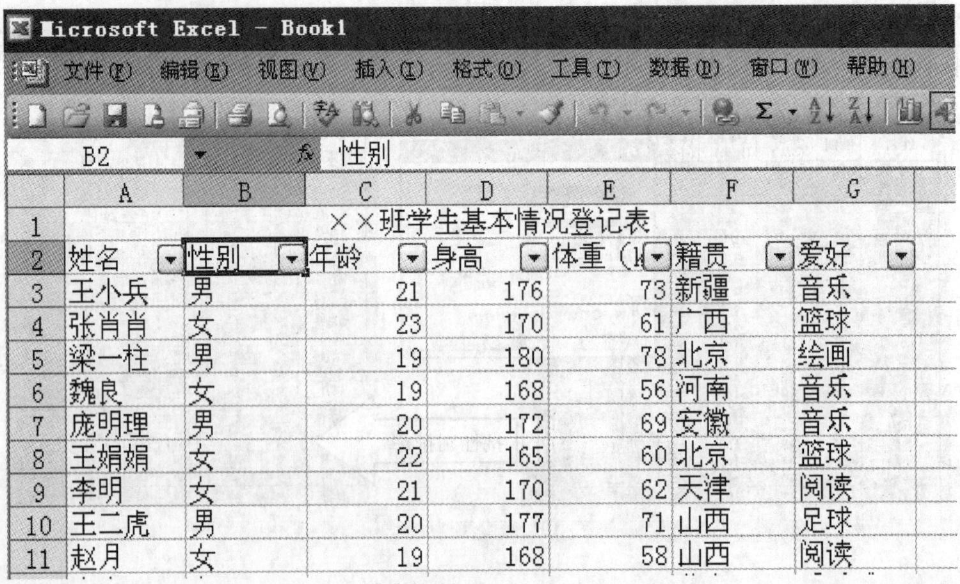

图 3-13 让各字段处于自动筛选状态

第二步,将鼠标指针指向"性别"字段右边的倒立三角形,并单击打开"性别"字段(见图 3-14)。显示筛选结果如图 3-15 所示。

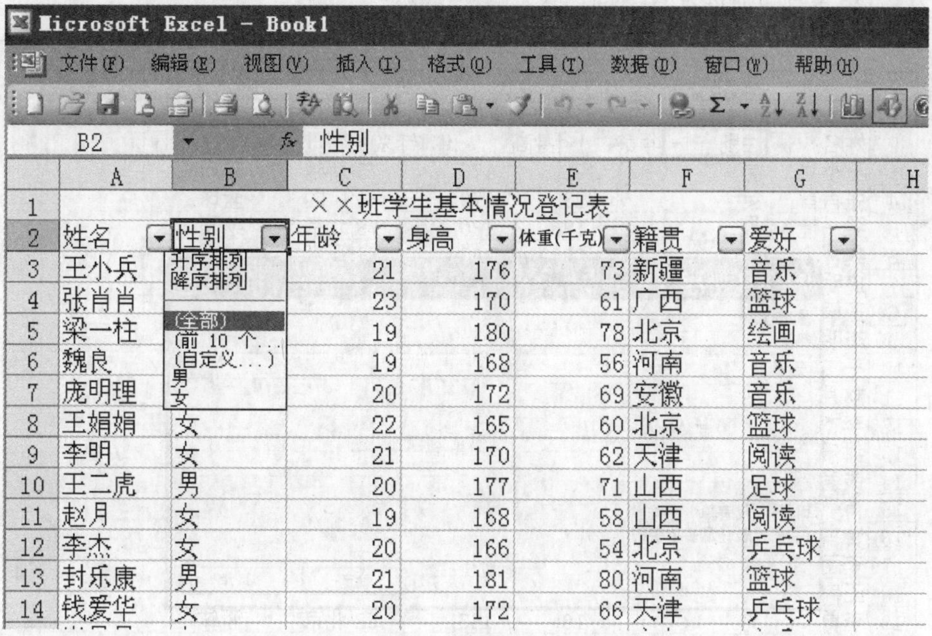

图 3-14 打开"性别"字段

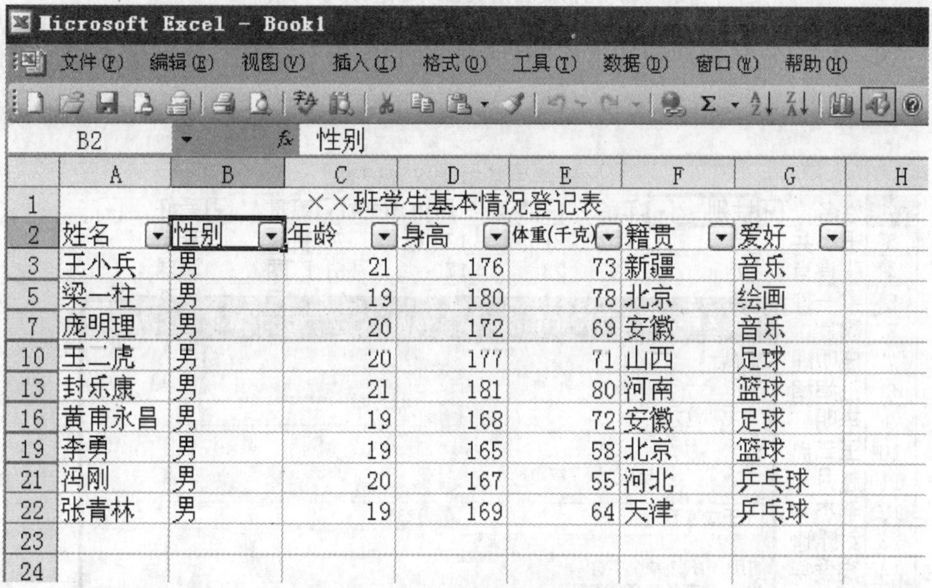

图 3-15 显示筛选结果

2. 自定义筛选

若要筛选出年龄在 20～23 岁(包括 20 岁和 23 岁)的所有学生,则要用"自动筛选"中的

"自定义筛选",需要经过以下几个步骤:

第一步,单击图 3-13 中"年龄"字段右边的倒立三角形,在下拉菜单中单击"自定义"选项,打开"自定义自动筛选方式"对话框(见图 3-16)。

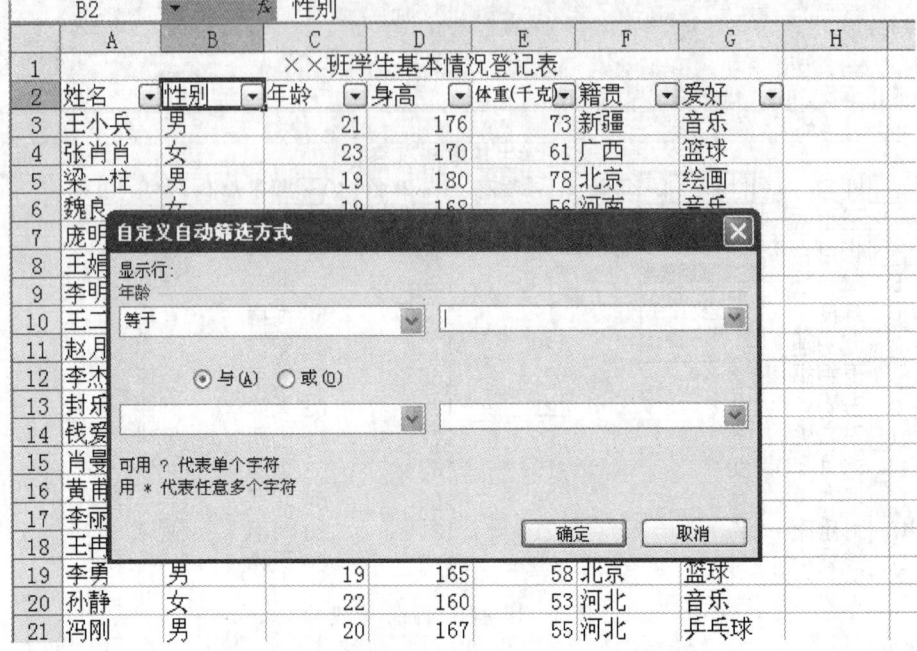

图 3-16　打开"自定义自动筛选方式"对话框

第二步,在"自定义自动筛选方式"对话框中的"年龄"选项中,分别输入相关条件(见图 3-17)。

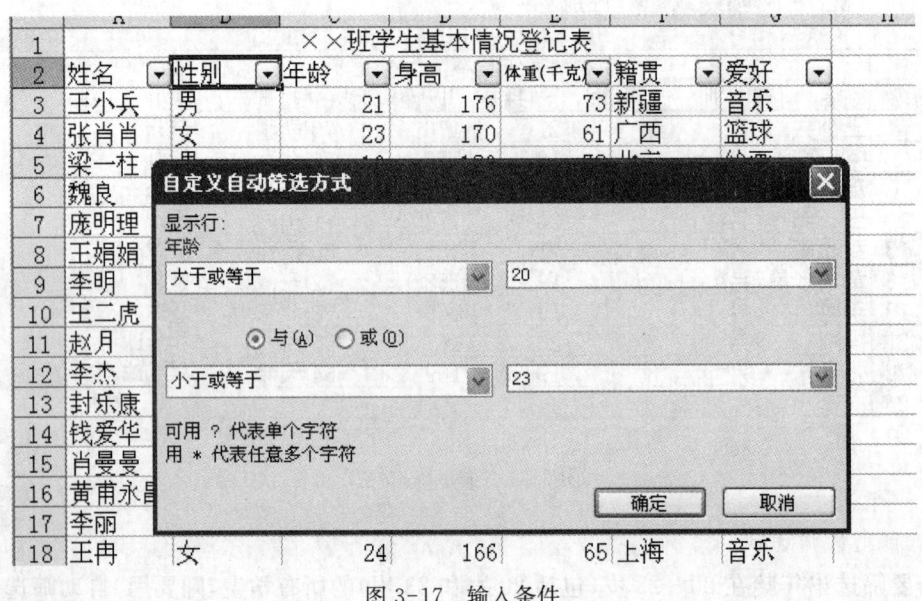

图 3-17　输入条件

第三步，单击"确定"按钮，符合条件的数据资料就会显示出来(见图 3-18)。

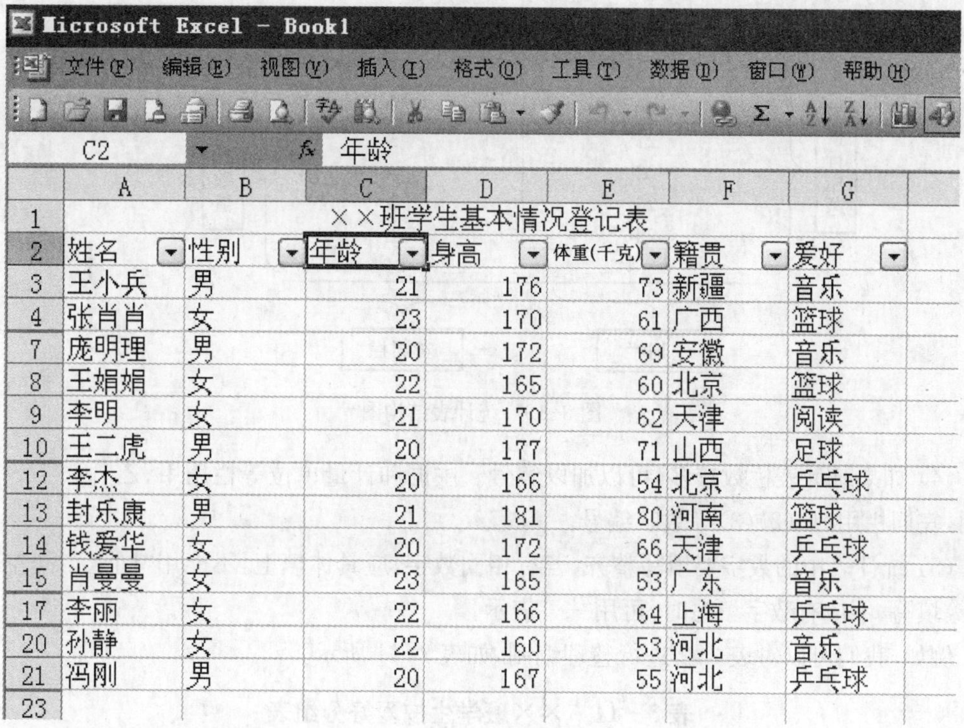
Microsoft Excel - Book1

文件(F) 编辑(E) 视图(V) 插入(I) 格式(O) 工具(T) 数据(D) 窗口(W) 帮助(H)

C2 年龄

	A	B	C	D	E	F	G
1	××班学生基本情况登记表						
2	姓名	性别	年龄	身高	体重(千克)	籍贯	爱好
3	王小兵	男	21	176	73	新疆	音乐
4	张肖肖	女	23	170	61	广西	篮球
7	庞明理	男	20	172	69	安徽	音乐
8	王娟娟	女	22	165	60	北京	篮球
9	李明	女	21	170	62	天津	阅读
10	王二虎	男	20	177	71	山西	足球
12	李杰	女	20	166	54	北京	乒乓球
13	封乐康	男	21	181	80	河南	篮球
14	钱爱华	女	20	172	66	天津	乒乓球
15	肖曼曼	女	23	165	53	广东	音乐
17	李丽	女	22	166	64	上海	乒乓球
20	孙静	女	22	160	53	河北	音乐
21	冯刚	男	20	167	55	河北	乒乓球
23							

图 3-18 显示筛选结果

对条件更为复杂的筛选，需要用到"高级筛选"，这里不再赘述。

任务 3-4 编制统计表

统计资料整理的结果，通常用统计表或统计图的形式显示出来。统计资料经过分组整理、汇总后，按照一定的顺序排列在表格内，就形成了统计表。

一、统计表的结构

从形式上看，统计表由总标题、横行标题、纵栏标题和指标数值四个方面构成；从内容上看，统计表包括主词和宾词两栏(见图 3-19)。

二、编制统计表的一般规则

(1) 统计表的总标题的表达要简明扼要。

(2) 统计表中的主词栏和宾词栏的排列，一般按先局部、后整体的原则进行。如各栏不需要全部列出时，可先把总计列在最前面，然后列出其中重要的部分。

(3) 统计表的上下两端用粗线或双线绘制，表的左右两端采用开口型的。

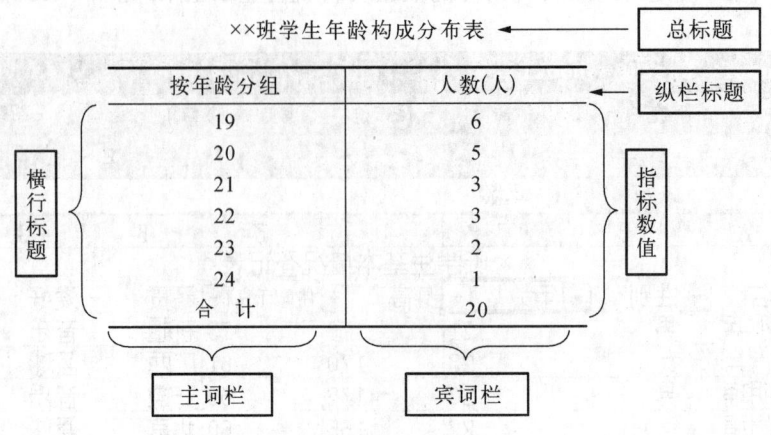

图 3-19 统计表结构图

(4) 如果统计表栏数较多,可以加以编号。主词和计量单位等栏用甲、乙、丙、丁等文字标明,宾词栏用(1)(2)(3)等数字编号。

(5) 统计表中的数字要填写整齐,若有相同数字,应具体填上,不能用"同上""同左""同右"等填写;不应有数字填写时,可用"—"表示。

例如,我们可以对表 3-2 进行整理编制,如表 3-11 所示。

表 3-11　××班学生按爱好分组表

按爱好分组	人　　　数		
	男 (1)	女 (2)	总　计 (3)
绘　画	1	0	1
篮　球	2	2	4
乒乓球	2	3	5
音　乐	2	4	6
阅　读	0	2	2
足　球	2	0	2
合　计	9	11	20

三、统计表的种类

按照对主词的分组情况,统计表可分为简单表、分组表和复合表三种。

(1) 简单表。简单表是指主词不经过任何分组,只列出单位名称或按时间顺序进行简单排列而形成的统计表,如表 3-12 和表 3-13 所示。

表 3-12 ××超市××月销售额统计表　　　单位：万元

分店名称	销售额
第一分店	80
第二分店	100
第三分店	86
第四分店	120
合　计	386

表 3-13 ××超市××分店××××年销售额统计表　　　单位：万元

时间	销售额	时间	销售额
1月	20	7月	19
2月	21	8月	22
3月	16	9月	20
4月	18	10月	21
5月	25	11月	25
6月	22	12月	18

（2）分组表。分组表是指主词按一个标志进行分组而形成的统计表，也称作简单分组表，如表 3-8 和表 3-10 所示。

（3）复合表。复合表是指主词按两个或两个以上的标志进行层叠分组而形成的统计表，如表 3-14 所示。

表 3-14 ××班学生基本情况统计表

按身高和性别分组	人数（人）
150 厘米以下	
男	
女	
150～160 厘米	
男	
女	
160～170 厘米	
男	
女	
170～180 厘米	
男	
女	
180 厘米以上	
男	
女	
合　计	

练一练

Word 字处理软件的表格菜单有"表格自动套用格式",很多类型的表格可供套用(见图 3-20),请同学们试着制作一些表格。

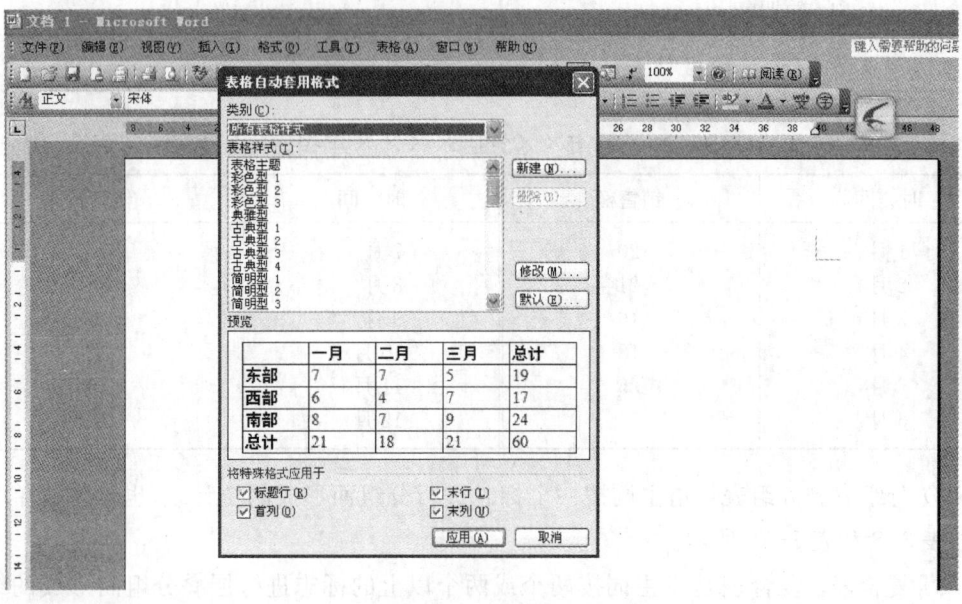

图 3-20　表格自动套用格式应用

项目小结

统计整理是统计调查的继续,是统计分析的前提。统计整理是指根据统计研究的目的,对在统计调查过程中所搜集到的资料进行科学加工,使之系统化、条理化的工作过程。

统计整理的核心工作就是对统计资料进行分组,统计分组的关键是分组标志的选择。从不同的角度,我们可以将统计分组分为不同的种类:按分组标志多少,统计分组可分为简单分组和复合分组。简单分组是指按一个标志进行分组,它只能从一个角度说明现象的分布状况和内部构成;复合分组是指对研究总体按两个或两个以上标志进行层叠分组。按分组标志性质,统计分组可分为品质分组和数量分组。品质分组是指按反映事物属性或质的特征的品质标志进行的分组;数量分组是指按反映事物数量特征的数量标志进行的分组。

统计分组的结果形成分配数列。分配数列是指根据统计研究的目的,将总体中的所有单位按照一定的标志分组,并按一定顺序进行排列所构成的表明总体单位在各组之间的分布特征的数列,又称为分布数列。分配数列由两部分组成:一部分是所分的组;另一部分是分配次数(或频数)。

按分组标志的特征不同,分配数列可分为品质数列和变量数列两种。按品质标志分组形成的分配数列称为品质分配数列,简称品质数列;按数量标志分组所形成的分配数列称为变量分配数列,简称变量数列。按照数列的形式,变量数列可分为单项数列和组距数列。单项数列是以一个变量值作为一组所编制的变量数列;组距数列是用变量值变动的一定范围代表一个组而编制的变量数列。根据各组组距是否相等,组距数列可分为等距数列和异距数列。

在组距数列中,表示各组界限的变量值称为组限,其中较小的变量值称为下限,较大的变量值称为上限,各组上限与下限之间的距离称为组距,上限与下限之间的中点值称为组中值。

在编制变量数列时要按照一定的方法和步骤进行。

计算机汇总技术包括一般汇总、分类汇总、数据筛选等。

统计资料经过分组整理、汇总后,按照一定的顺序排列在表格内,就形成了统计表。从形式上看,统计表由总标题、横行标题、纵栏标题和指标数值四个方面构成;从内容上看,统计表包括主词和宾词两栏。按照对主词的分组情况,统计表可分为简单表、分组表和复合表三种。简单表是指主词不经过任何分组,只列出单位名称或按时间顺序进行简单排列;分组表是指主词按一个标志进行分组而形成的统计表,也称作简单分组表;复合表是指主词按两个或两个以上的标志进行层叠分组而形成的统计表。

项目训练题

一、复习思考题

1. 统计整理一般分为哪几个步骤?
2. 进行统计整理在选择分组标志时,我们应坚持什么原则?
3. 统计分组的方法有哪些?
4. 分配数列是如何划分的?
5. 统计表有哪些种类?
6. 什么是等距分组?什么是异距分组?它们分别适用于何种情况?

二、单项选择题

1. 划分连续型变量的组限时,相邻组的组限必须(　　)。
   A. 重叠　　　　　　B. 间断　　　　　　C. 相等　　　　　　D. 不等
2. 次数分布数列(　　)。
   A. 都是变量数列　　　　　　　　　　B. 都是品质数列
   C. 是变量数列或品质数列　　　　　　D. 是统计分组
3. 分配数列的两要素是(　　)。

A. 总体的各组和各组的单位数 B. 总体各个分组和各组中值
C. 总体的各个分组和各组组限 D. 总体各个分组和各组组距

4. 统计分组的关键在于( )。
    A. 按品质标志分组还是按数量标志分组
    B. 正确选择统计指标或指标体系
    C. 正确选择分组标志和划分各组组限
    D. 确定组限

5. 在分配数列中,比率是( )。
    A. 各组次数相互之比 B. 各组次数与组距之比
    C. 各组次数与总次数之比 D. 各组次数与变量值之比

6. 统计分组时,在全距一定的情况下,组距与组数成( )。
    A. 正比关系 B. 反比关系
    C. 不成比例 D. 倒数关系

7. 在分配数列中,等距数列是指( )。
    A. 各组的次数相等 B. 各组的组距相等
    C. 各组的组中值相等 D. 各组的频率相等

8. 从内容上看,统计表包括( )。
    A. 主词和宾词两部分 B. 横行标题和纵栏标题
    C. 总标题和横行标题 D. 总标题和纵栏标题

9. 组距是指( )。
    A. 总体中的最大标志值与最小标志值之差
    B. 各组中的最大值与最小值之差
    C. 各组中上限与下限之差
    D. 各组的组中值

10. 对研究总体按两个及两个以上标志进行层叠分组形成( )。
    A. 简单分组 B. 复合分组 C. 品质分组 D. 数量分组

三、判断题

1. 统计整理作为一个相对独立的工作阶段来说,主要是指对原始资料的整理。( )
2. 统计分组既是统计整理的基本内容,又是统计分析的基础。( )
3. 统计分组实际上是通过分组保持组内统计资料的同质性,组间统计资料的差异性。( )
4. 统计分组的关键在于选择分组标志和确定组数。( )
5. 大学生按专业类型分组所形成的数列是变量分配数列。( )
6. 按品质标志分组形成的分配数列称为品质分配数列,简称品质数列。( )
7. 组中值是总体中的最大值与最小值的差。( )

8. 从形式上看,统计表由总标题、横行标题、纵栏标题和指标数值组成。（ ）
9. 连续变量在进行统计分组时,只能采用上下限重叠的形式。（ ）
10. 分配数列只能是按数量标志分组而形成的数列。（ ）

四、计算分析题

1. 某超市服装小组 50 名员工年龄如下,请自行设置编制分配数列(单位:岁)。

18 20 22 19 19 20 21 21 23 30 28 19 26 24 20 27 23 26 20
19 23 24 19 26 28 25 20 21 23 27 22 20 26 23 21 24 24 23
22 22 20 21 25 26 20 19 23 24 23 25

2. 某汽车股份有限公司按职工年龄分组如表 3-15 所示,请计算各组的组中值。

表 3-15 某汽车股份有限公司职工年龄分组表

按年龄分组	人数(人)	组中值
20 岁以下	80	
20～30 岁	140	
30～45 岁	200	
45～55 岁	160	
55～60 岁	100	
60 岁以上	55	
合　　计	735	

3. 某超市 40 个连锁店 2021 年销售利润资料如下(单位:万元):

60   66   120 110 78   156 100 130 98   87   140 133 96   79   102
138 140 119 128 130 124 99   93   127 110 90   125 108 143 131
129 120 96   88   129 118 76   123 90   107

根据以上资料分成以下几组:80 万元以下,80 万～100 万元,100 万～120 万元,120 万～140 万元,140 万元以上,并计算出各组的组中值。

项目 4

总量指标和相对指标

 学习目标

☞ 认识总量指标和相对指标的含义。
☞ 理解总量指标的分类。
☞ 区分时期指标和时点指标。
☞ 掌握几种相对指标的区别。
☞ 熟练运用几种相对指标进行计算。

任务 4-1 认识统计数据的描述方式

我们仍以项目 1 任务 1-1 中的一组数据为例,在这些数据中,可以根据描述方式将其归纳为以下几类:

(1) 在校人数为 8 651 人;国内生产总值为 1 015 986 亿元;第一产业增加值为 77 754 亿元;第二产业增加值为 384 255 亿元;第三产业增加值为 553 977 亿元。

(2) 2020 年国内生产总值比 2019 年增长 2.3%。第一产业比 2019 年增长 3.0%,占国内生产总值的 7.65%;第二产业比 2019 年增长 2.6%,占国内生产总值的 37.82%;第三产业比 2019 年增长 2.1%,占国内生产总值的 54.52%。

(3) 某校今年在校学生平均年龄为 16.8 岁。

第一类数据,是反映在一定时间、地点和条件下某种现象的总体规模、总水平和工作总量,包括增加或减少的总量,用绝对数形式表示,这样的指标称为总量指标。

第二类数据,是将两个有联系的指标数值加以对比,来反映数量之间相互联系程度的指标,一般用系数、倍数、成数、百分数或千分数表示,这样的指标称为相对指标。

第三类数据,是将总体各单位的数量差异抽象化,反映现象一般水平的代表值,这样的指标称为平均指标。

 想一想

我们在日常生活中遇到过哪些总量指标、相对指标和平均指标呢?

任务4-2 认识总量指标

从不同的角度,我们可以将总量指标划分为不同的种类。

一、根据反映的内容不同,总量指标可分为总体单位总量和总体标志总量

我们先看下面两个数据:

某班学生有50人,"统计学原理"课程期中考试总成绩为4 100分。这两个数据分别反映什么内容呢?

结合我们前面所学的知识,"50人"是指这个班级总的学生人数,也就是总体单位总数,而"4 100分"是每个学生"成绩"这个标志的数量表现(标志值)的合计数。所以说,总体单位总量是指反映总体内个体单位总和的总量指标,表示总体本身规模的大小;总体标志总量是指反映总体单位的标志值总和的总量指标。

二、根据反映的时间状况不同,总量指标可分为时期指标和时点指标

时期指标反映现象在一段时期内发展过程的总规模、总水平。时点指标反映现象在某一时刻(瞬间)上的总规模、总水平。

时期指标和时点指标各有不同的特点。

1. 时期指标的特点

(1) 时期指标可以累计相加。若干个时期指标相加,得到的是这几个时期的总量。例如,某企业上半年产值400万元加上下半年产值500万元,等于全年产值900万元。

(2) 时期指标数值的大小与现象活动时间的长短有直接关系。一般来说,现象活动的时间越长,指标数值越大;反之亦然。例如,全年的产值要比半年的产值大。

2. 时点指标的特点

(1) 时点指标不能累计相加。例如,某同学去年16岁,今年17岁,不能说2年共33岁。这样加起来没有实际意义。

(2) 时点指标的大小与时点的间隔长短无直接关系。例如,某企业的月末库存数不一定大于月初库存数。

练一练

请分析下面的指标是时期指标还是时点指标:

(1) 某学生上个月生活费总额为1 600元。

(2) 德阳超市今年销售总利润为2 400万元。

(3) 德阳超市现有员工100人。

(4) 某家电超市上月末电冰箱库存量为 2 100 台。

任务 4-3　计算相对指标

一、相对指标的含义

从任务 4-1 中，我们可以知道，相对指标是一种抽象化的比值，它反映的不是现象之间的绝对差别，而是一种抽象化的数量对比关系，它先将被比较的指标抽象化为 1（或 10、100、1 000），然后以此为标准衡量其他指标在同样条件下所处的相对水平。

相对指标可以说明现象的发生和发展程度，反映现象的内部结构和数量联系程度。例如，2020 年国内生产总值比 2019 年增长 2.3%，其中，第一产业比 2019 年增长 3.0%，占当年国内生产总值的 7.65%。

相对指标还可以使某些不能直接对比分析的统计指标进行对比分析。例如，德美超市集团的两个分店上年经营情况如表 4-1 所示。

表 4-1　连锁店上年经营情况产量表

分店名称	计划产量（万元）	实际产量（万元）
第一分店	4 000	4 200
第二分店	2 000	2 600
合　计	6 000	6 800

从表 4-1 中，我们不能从计划产量和实际产量的总数中对比两个分店经营情况的好坏，科学的方法是通过计算两个分店的计划完成程度相对指标来进行对比分析。

二、常用相对指标的计算

常用的相对指标有结构相对指标、比例相对指标、比较相对指标、动态相对指标、强度相对指标和计划完成程度相对指标。

（一）结构相对指标

德美超市集团第一分店上月各类商品销售情况如表 4-2 所示，请同学们填出表中所缺数字。

表 4-2　德美超市集团第一分店月商品销售情况表

商品类别	销售额（万元）	比重
家电类	20	
日用品类	15	

(续表)

商品类别	销售额(万元)	比重
食品类	7	
卫生类	12	
体育类	4	
服装类	9	
其他	8	
合计		

结构相对指标是指在分组的基础上,总体内部各个组成部分在总体中所占的比重。它一般用百分数或系数表示,各部分所占比重之和等于100%或1。结构相对指标的计算公式如下:

$$结构相对指标 = \frac{总体部分数值}{总体全部数值} \times 100\%$$

练一练

假如我国2022年国内生产总值为1 042 179亿元。其中:第一产业增加值为78 736亿元,第二产业增加值为389 245亿元,第三产业增加值为574 198亿元,试计算2022年各产业增加值占国内生产总值的比重。

(二) 比例相对指标

想一想

德美超市集团现有男员工30人,女员工90人,这两个数字的比我们以前怎么称呼?

比例相对指标是指反映总体内部各个组成部分之间的数量对比关系的指标。其计算公式如下:

$$比例相对指标 = \frac{总体中某一部分数值}{总体中另一部分数值}$$

根据前面资料,我们可以计算出2020年我国第一产业与第二产业的比例为:

$$77\ 754 : 384\ 255 = 100 : 494.19$$

根据前面的资料,请你计算一下2020年我国第一产业与第三产业的比例,第二产业与第三产业的比例,第一、第二、第三产业的比例。

(三) 比较相对指标

据国家统计局统计,2021年第一季度河南省农林牧渔业总产值为753.85亿元,河北省农林牧渔业总产值为597.00亿元,我们可以进行以下计算:

$$\frac{753.85}{597.00} = 1.26$$

通过计算,我们可以说,2021年第一季度河南省农林牧渔业总产值是河北省的1.26倍。

像这样用来反映某一现象在同一时期或同一时点上不同地区、部门、单位之间的对比关系的指标,称为比较相对指标。比较相对指标的计算公式如下:

$$比较相对指标 = \frac{某条件下的某类指标数值}{另一条件下的同类指标数值}$$

(四) 动态相对指标

德美超市集团某分店1月销售额为50万元,2月销售额为60万元。问德美超市集团该分店2月销售额是1月销售额的百分之几?

针对上面这个问题,同学们都会计算。像这样反映同类现象在不同时间上变动程度的相对指标,称为动态相对指标。动态相对指标的计算公式如下:

$$动态相对指标 = \frac{报告期数值}{基期数值} \times 100\%$$

动态相对指标在统计分析中应用较为广泛,其详细内容将在后面项目中学习。

(五) 强度相对指标

问题1:甲城市占地面积为20平方千米,人口为40 000人;乙城市占地面积为15平方千米,人口数为33 000人。试问哪个城市的人口较为拥挤呢?

问题2:小明家现有4口人,家庭住房面积为150平方米;小芳家现有3口人,家庭住房面积为120平方米。试问哪个家庭住房比较宽敞呢?

一个城市的人口数和面积不是同一个总体,但是它们又有着密切的联系。为了反映一个城市的人口分布状况,我们常用人口密度来表示。

针对上面的问题1,我们可以通过以下计算进行比较:

$$甲城市人口密度 = \frac{40\,000}{20} = 2\,000(人/平方千米)$$

$$乙城市人口密度 = \frac{33\,000}{15} = 2\,200(人/平方千米)$$

通过对比,我们发现每平方千米分布的人数,乙城市大于甲城市,所以,乙城市比较拥挤。

强度相对指标是指反映两个性质不同、但有一定联系的总量指标数值的对比关系的指标。其计算公式如下:

$$强度相对指标 = \frac{某一总量指标数值}{另一有联系而性质不同的总量指标数值}$$

上面问题2如何解决?计算结果是越大越好,还是越小越好呢?

通过上面两个问题,我们发现,有的强度相对指标是越大越好,称为正指标;有的强度相对指标是越小越好,称为逆指标。

思考一下:我们还遇到过其他哪些强度相对指标呢?

(六) 计划完成程度相对指标

1. 基本计算方法

> **想一想**
>
> 小明家开了一小型超市,上月初打算实现销售利润8 000元,上月底核算后发现销售利润为8 500元。小明家是否实现了销售计划?计划完成情况如何呢?

计划完成程度相对指标是指用来检查、监督计划执行情况的相对指标。它是用现象的实际完成数与计划任务数进行对比的结果,一般用百分数表示。其基本公式如下:

$$计划完成情况相对指标 = \frac{实际完成数}{计划任务数} \times 100\%$$

结合上面的问题,我们可以计算出小明家上个月的计划完成情况为:

$$销售利润计划完成情况相对指标 = \frac{实际销售利润}{计划销售利润} \times 100\%$$

$$= \frac{8\,500}{8\,000} \times 100\%$$

$$= 106.25\%$$

计算结果表明,小明家上个月销售利润计划完成情况为106.25%,超额完成了6.25%。

2. 不同指标形式计划完成情况相对指标的计算

由于综合指标有总量指标、相对指标和平均指标,计划指标也可以以这三种指标类型下达。

(1) 若计划指标是总量指标或平均指标,直接用实际水平和计划水平加以对比计算。

(2) 若计划数为相对数,要以实际完成的百分比除以计划完成的百分比。

例如,假定小明家计划本月与上月相比利润提高5%,实际提高8%。则其计划完成情况相对指标为:

$$销售利润计划完成情况相对指标 = \frac{实际完成百分比}{计划完成百分比} \times 100\%$$

$$= \frac{100\% + 8\%}{100\% + 5\%} \times 100\%$$

$$= \frac{108\%}{105\%} \times 100\% = 102.86\%$$

计算结果表明,本月销售利润计划完成相对指标为102.86%,超额2.86%完成计划。

又如,小明家计划本月销售成本比上月降低10%,而实际降低15%,则销售成本降低计划完成情况为:

$$销售成本计划完成情况相对指标 = \frac{实际降低百分比}{计划降低百分比} \times 100\%$$

$$= \frac{100\% - 15\%}{100\% - 10\%} \times 100\%$$

$$= \frac{85\%}{90\%} \times 100\% = 94.44\%$$

计算结果表明,本月销售成本计划完成相对指标为94.44%,超额5.56%完成计划。

想一想

以上两个例子中,销售利润计划完成情况相对指标为102.86%,销售成本计划完成情况相对指标为94.44%,我们都判定其超额完成了计划,想一想为什么?

3. 计划下达方式不同情况下的计划完成情况的计算

第一种情况,德美超市集团某分店在制订上年季度营销计划时,规定到最后一个季度实现季销售额达到30万元,实际执行结果如表4-3所示。

表4-3 德美超市集团某分店一年销售额

时间	第一季度	第二季度	第三季度			第四季度		
			7月	8月	9月	10月	11月	12月
销售额(万元)	20	21	9	7	8	10	12	12

德美超市集团该分店的计划完成情况如何计算呢?

$$\text{德美超市集团该分店计划完成情况相对指标} = \frac{\text{期末实际完成数}}{\text{期末计划任务数}} \times 100\%$$

$$= \frac{10+12+12}{30} \times 100\%$$

$$= \frac{34}{30} \times 100\% = 113.33\%$$

计算结果表明,德美超市集团该分店计划完成程度为113.33%,超额完成了13.33%。

如果要确定德美超市集团该分店完成计划的时间,只要连续1个季度实际完成数达到计划任务数,就可以说明已完成了计划,以后的时间为提前完成计划的时间。

根据以上资料,我们知道,德美超市集团该分店从第三季度的9月到第四季度的11月连续一个季度的累计销售额已达到计划规定的30万元,所以说,德美超市集团到11月底就完成了计划,提前1个月完成了计划。

第二种情况,德美超市集团该分店在制订上年营销计划时,规定到年底全年销售额达到75万元,实际执行结果仍以表4-3为例。计划完成情况又是如何确定的呢?

$$\text{德美超市集团该分店计划完成情况相对指标} = \frac{\text{计划期内实际累计完成数}}{\text{计划期内累计计划任务数}} \times 100\%$$

$$= \frac{20+21+9+7+8+10+12+12}{75} \times 100\%$$

$$= \frac{99}{75} \times 100\%$$

$$= 132\%$$

计算结果表明,德美超市集团该分店上年计划完成程度为132%,全年超额完成32%。

根据以上资料,我们知道,德美超市集团该分店从第一季度开始到10月底销售额已累计达到计划规定的任务75万元,所以说,德美超市集团该分店到10月底就完成了全年的计划,提前2个月完成了全年计划。

项目小结

统计数据的描述方式有总量指标、相对指标和平均指标。

总量指标是指反映在一定时间、地点和条件下某种现象的总体规模、总水平和工作总量,包括增加或减少的总量的指标,用绝对数形式表示。总量指标是计算相对指标和平均指标的基础。

根据反映的内容不同,总量指标可分为总体单位总量和总体标志总量。总体单位总量是反映总体内个体单位总和的总量指标,表示总体本身规模的大小;总体标志总量是反映总体单位的标志值总和的总量指标。

根据反映的时间状况不同,总量指标可分为时期指标和时点指标。时期指标反映现象在一段时期内发展过程的总规模、总水平；时点指标反映现象在某一时刻（瞬间）上的总规模、总水平。时期指标可以累计相加，数值的大小与现象活动时间的长短有直接关系；时点指标不能累计相加，其数值大小与时点的间隔长短无直接关系。

相对指标是一种抽象化的比值，先将被比较的指标抽象化为1(或10、100、1 000)，然后以此为标准衡量其他指标在同样条件下所处的相对水平。相对指标可以说明现象的发生和发展程度，反映现象的内部结构和数量联系程度。

常用的相对指标有结构相对指标、比例相对指标、比较相对指标、动态相对指标、强度相对指标和计划完成程度相对指标。

结构相对指标是指在分组的基础上所计算的总体内部各个组成部分在总体中所占的比重，它一般用百分数或系数表示，各部分所占比重之和等于100%或1；比例相对指标是指反映总体内部各个组成部分之间的数量对比关系的指标，比较相对指标是指反映某一现象在同一时期或同一时点上不同地区、部门、单位之间的对比关系的指标；动态相对指标是指反映同类现象在不同时间上变动程度的相对指标；强度相对指标是指反映两个性质不同、但有一定联系的总量指标数值的对比关系的指标；计划完成程度相对指标是指用来检查、监督计划执行情况的相对指标，它是用现象的实际完成数与计划任务数进行对比的结果。

项目训练题

一、复习思考题

1. 什么是总量指标？什么是相对指标？
2. 总量指标是如何划分的？
3. 什么是总体标志总量？什么是总体单位总数？
4. 时期指标和时点指标各有什么特点？
5. 常用的相对指标有哪些？
6. 什么是计划完成程度相对指标？
7. 如何计算计划完成程度相对指标？

二、单项选择题

1. 下列指标中，既属于总量指标又属于时期指标的是(　　)。
   A. 统计原理考试平均成绩　　　　　B. 人均国民收入
   C. 全国今年人口数　　　　　　　　D. 某乡今年小麦总产量
2. 总量指标按其反映的内容不同可以分为(　　)。
   A. 总体单位总量和总体标志总量　　B. 时期指标和时点指标
   C. 相对指标和平均指标　　　　　　D. 时期总数和标志总量

3. 下列统计指标中,属于时点指标的是( )。
   A. 班级总人数　　　　　　　　B. 某企业上月总产值
   C. 某地区性别比　　　　　　　D. 某省人口密度
4. 全班 50 名学生统计原理考试总成绩为 4 200 分,则( )。
   A. 总体标志总量为 50 人,总体单位总量为 4 200 分
   B. 总体标志总量为 4 200 分,总体单位总量为 50 人
   C. 50 人是时点指标,4 200 是时期指标
   D. 50 人是相对指标,4 200 是总量指标
5. 结构相对指标一般用百分数或成数表示,其分子和分母( )。
   A. 只能是总体单位总数
   B. 只能是总体标志总量
   C. 可以是总体单位总量,也可以是总体标志总量
   D. 只能是时期指标,不能是时点指标
6. 下列各项中,属于结构相对指标的是( )。
   A. 产品合格率　　　　　　　　B. 人均粮食产量
   C. 轻、重工业比例　　　　　　D. 今年粮食产量是去年产量的 110%
7. 反映同类事物在不同时间状态下的对比关系的相对指标是( )。
   A. 比较相对指标　　　　　　　B. 结构相对指标
   C. 比例相对指标　　　　　　　D. 动态相对指标
8. 上月某工厂的工人出勤率属于( )。
   A. 比较相对指标　　　　　　　B. 结构相对指标
   C. 比例相对指标　　　　　　　D. 计划完成相对指标
9. 计划规定年产量比上一年增加 5%,实际增加了 6%,则年产量计划完成( )。
   A. 120%　　　　　　　　　　　B. 100.95%
   C. 101%　　　　　　　　　　　D. 106%
10. 强度相对指标是由( )对比而得到。
   A. 任意两个性质不同的总量指标
   B. 两个性质相同的总量指标
   C. 两个性质不同但有一定联系的问题指标
   D. 总体标志总量和总体单位总量

三、判断题

1. 某超市规定,第一季度的流通费比去年同期降低 10%,实际降低 9%,仅完成了 80%。（　　）
2. 总体单位总量指标只能是时点指标,总体标志总量指标只能是时期指标。
（　　）

3. 总量指标按其反映的内容不同可以分为时期指标和时点指标。（ ）

4. 一般来说,时期越长,时点指标的数值越大。（ ）

5. 计划完成程度相对指标是指在一定时期内的实际完成数与计划任务数对比的比值,一般用百分数表示。（ ）

6. 计算计划完成程度相对指标时,分子和分母只能是绝对数。（ ）

7. 比较相对指标和强度相对指标的分子和分母都是可以互换的。（ ）

8. 劳动生产率计划规定提高2%,实际提高了6%,则劳动生产率计划完成程度相对指标为6%÷2%。（ ）

9. 相对指标的数值表现形式都是无名数。（ ）

10. 动态相对指标是用基期的指标数值除以报告期的指标数值。（ ）

四、计算分析题

1. 2018年,俄罗斯世界杯足球赛32强中,各大洲参赛队数分别为亚洲5个、欧洲14个、非洲5个、南美洲5个、中北美及加勒比海地区3个。请计算各大洲参赛数与总参赛队数的比重。

2. 某企业2020年某产品单位成本为500元,计划规定2021年成本降低5%,实际降低9%。试确定该企业2021年成本降低的计划完成程度。

3. 某超市计划完成102%,比上年增长5%。试问计划规定比上年增长多少?

4. 某超市制订5年期销售计划,规定最后1年销售额达到500万元,实际计划执行情况如表4-4所示。

表4-4 某超市5年销售额 单位:万元

时间	第一年	第二年	第三年	第四年			第五年					
				上半年	第三季度	第四季度	第一季度	第二季度	第三季度	第四季度		
										10月	11月	12月
销售额	310	360	370	200	100	100	120	140	140	45	50	50

要求:

(1) 计算计划期末完成的计划完成程度相对指标。

(2) 计算提前完成计划的时间。

5. 如果某超市计划5年累计销售额为1 900万元,实际计划执行结果如表4-4所示。试计算:

(1) 5年累计计划完成程度相对指标。

(2) 提前完成计划的时间。

6. 德美超市集团三个分店第一季度计划与实际销售额资料如表4-5所示。

表 4-5 德美超市集团三个分店第一季度计划与实际销售额资料

分店名称	计 划 数		实 际 数		计划完成程度
	实际数(万元)	比重	销售额(万元)	比重	
第一分店	100		120		
第二分店	150				100%
第三分店			250		96%
合 计					

要求：计算表 4-5 中所缺的数字。

项目 5

平均指标和变异指标

学习目标

- 认识平均指标的含义。
- 熟悉常用的平均指标。
- 掌握算术平均数的计算方法。
- 了解变异指标的作用。
- 理解常用的变异指标。
- 掌握标准差的计算方法。

任务 5-1　计算平均指标

现有小明和小阳所在的两组学生某次"统计学原理"课程考试成绩如下(单位:分)：

小明所在组(10 人)：85　90　75　100　90　60　75　85　85　60

小阳所在组(11 人)：70　70　100　60　85　100　90　90　70　90　85

试问：哪组的考试成绩较好？

上面的问题中,由于两组的人数不一样,我们不能用两组的总成绩进行比较,一般利用计算平均成绩的办法进行比较。在项目 4 中,我们知道,平均指标是将总体各单位的数量差异抽象化,反映现象一般水平的代表值。一般来说,平均指标有算术平均数、调和平均数、几何平均数、中位数和众数等。

一、算术平均数的计算

算术平均数是计算平均指标的最常用的方法。其基本公式如下：

$$算术平均数 = \frac{总体标志总量}{总体单位总量}$$

由此我们可以计算出上面两组考试成绩分别为：

$$小明所在组的平均成绩 = \frac{85+90+75+100+90+60+75+85+85+60}{10}$$

$$= \frac{805}{10} = 80.5$$

小阳所在组的平均成绩 $= \dfrac{70+70+100+60+85+100+90+90+70+90+85}{11}$

$= \dfrac{910}{11} = 82.7$

根据以上计算,我们可以判断小阳所在组的考试成绩较好。

一般地,我们用 $\bar{x}$ 表示算术平均数,x 表示各单位标志值,n 表示总体单位总量,则算术平均数的计算公式如下:

$$\bar{x} = \dfrac{x_1 + x_2 + \cdots + x_n}{n} = \dfrac{\sum x}{n} \qquad (5-1)$$

如果对小明所在组的资料进行如表 5-1 所示的整理,那么平均成绩又如何计算呢?

表 5-1 "统计学原理"课程小组考试成绩分组表

按成绩分组(x)	各组人数(f)
60	2
75	2
85	3
90	2
100	1
合 计	10

计算过程如下:

$$\dfrac{100\times1 + 90\times2 + 85\times3 + 75\times2 + 60\times2}{10} = \dfrac{805}{10} = 80.5$$

计算公式用字母表示如下:

$$\bar{x} = \dfrac{x_1 f_1 + x_2 f_2 + \cdots + x_n f_n}{f_1 + f_2 + \cdots + f_n} = \dfrac{\sum xf}{\sum f} \qquad (5-2)$$

这里的 f 称为权数,在各组标志值一定的情况下,f 的大小对 x 的大小起着权衡轻重的作用。各组标志值的次数越多,即权数越大,平均数受该组的影响就越大;反之亦然。

在未分组情况下,计算算术平均数的方法称为简单算术平均法,如式(5-1)所示;在分组情况下,计算算术平均数的方法称为加权算术平均法,如式(5-2)所示。

想一想

在组距数列中,各组变量值不是一个固定的值,这时我们又该如何计算平均指标呢?

组距数列在计算平均数时，一般用组中值来代替各组的变量值。

练一练

如果小明所在班级里的 50 名同学的"统计学原理"课程成绩经过分组如表 5-2 所示。请试着填写表 5-2 中所缺数据，并计算该班的平均成绩。

表 5-2　某班"统计学原理"课程考试成绩分组计算表

按成绩分组	人数(f)	组中值(x)	各组成绩(xf)
60 分以下	8		
60～70 分	10		
70～80 分	16		
80～90 分	12		
90～100 分	4		
合　计	50		

二、调和平均数的计算

在统计整理过程中，小明掌握的"信息技术"课程考试成绩资料如表 5-3 所示，如何计算该班学生的平均成绩呢？

表 5-3　"信息技术"课程考试成绩分组表

按成绩分组	各组总成绩（分）
60 分以下	55
60～70 分	520
70～80 分	1 500
80～90 分	1 530
90～100 分	285
合　计	3 890

想一想

我们知道，要计算平均成绩，先要确定总体标志总量和总体单位总数。在表 5-3 中，已知全班"信息技术"课程的总成绩为 3 890 分，但不知道全班人数。根据已知资料，是否可以求出全班的人数呢？

项目 5　平均指标和变异指标

只要计算出全班人数,就可以计算出全班的平均成绩。由于表 5-3 中成绩属于组距数列,各标志值要用组中值来代替,列出如表 5-4 所示的计算表,请填写表中所缺数字。

表 5-4　"信息技术"课程考试成绩分组表

按成绩分组	各组组中值(x)	各组总成绩(xf)	各组人数($f=xf\div x$)
60 分以下	55	55	1
60~70 分	65	520	8
70~80 分	75	1 500	20
80~90 分	85	1 530	18
90~100 分	95	285	3
合　计	—	3 890	50

根据表 5-4 中数据,可以利用式(5-2)计算出小明所在班级"信息技术"课程的平均考试成绩。此时计算公式可以展开如下:

$$\bar{x}=\frac{\sum xf}{\sum f}=\frac{x_1f_1+x_2f_2+\cdots+x_nf_n}{\dfrac{x_1f_1}{x_1}+\dfrac{x_2f_2}{x_2}+\cdots+\dfrac{x_nf_n}{x_n}}=\frac{\sum xf}{\sum \dfrac{xf}{x}} \tag{5-3}$$

我们在计算平均数缺少总体单位数资料时,可以采用式(5-3)进行计算,计算得出的平均数称为加权调和平均数。

当各组变量值都为 1 时,式(5-3)就变为:

$$\bar{x}=\frac{n}{\dfrac{1}{x_1}+\dfrac{1}{x_2}+\cdots+\dfrac{1}{x_n}}=\frac{n}{\sum \dfrac{1}{x}} \tag{5-4}$$

利用式(5-4)计算的平均数为简单调和平均数。

由上可以看出,调和平均数是算术平均数的一种变形,它是变量值倒数的算术平均数的倒数,所以又称为倒数平均数。

三、几何平均数的计算

想一想

小明在实习时,实习单位生产某种产品有四道工序。在某批产品生产中,第一道工序的合格率为 96%,第二道工序的合格率为 91%,第三道工序的合格率为 90%,第四道工序的合格率为 85%。那么,如何计算各道工序的平均合格率呢?

由于各道工序的合格率总和并不等于总的合格率,总合格率应该等于各道工序合格率的连乘之积,平均合格率应是各道工序合格率连乘积开 n 次方根,可应用下面公式进行计算:

$$G = \sqrt[n]{x_1 \cdot x_2 \cdot \cdots \cdot x_n} = \sqrt[n]{\prod x} \tag{5-5}$$

根据式(5-5),可以计算出各工序平均合格率:

$$\begin{aligned} 各工序平均合格率 &= \sqrt[n]{x_1 \cdot x_2 \cdot \cdots \cdot x_n} = \sqrt[n]{\prod x} \\ &= \sqrt[4]{96\% \times 91\% \times 90\% \times 85\%} \\ &= 90.42\% \end{aligned}$$

利用式(5-5)计算的几何平均数称为简单几何平均数。当计算几何平均数的每个变量值的次数不相同时,应用加权几何平均法。其计算公式如下:

$$G = \sqrt[f_1+f_2+\cdots+f_n]{x_1 f_1 \cdot x_2 f_2 \cdot \cdots \cdot x_n f_n} = \sqrt[\Sigma f]{\prod x^f} \tag{5-6}$$

利用几何平均法计算平均发展速度,将在以后项目中作详细介绍。

四、中位数的计算

小明在测量本班学生身高时,得到以下 9 位男同学的身高数据(单位:厘米):

168　182　171　165　169　172　170　166　181

将上面数据从小到大或从大到小排列起来,你能找出位于中间位置的那个数据吗？

中位数是指将总体中各单位标志值按大小顺序排列,位于中间位置那个单位的标志值。它一般用 M_e 表示。在这组数据中,中位数不大也不小,可以近似地用来作为这组数据的代表性数值,所以,中位数也可作为平均指标的一种。

假如一组数据中有 n 个,在未分组的情况下,当 n 为奇数时,则中间位置为第 $\frac{n+1}{2}$ 项,第 $\frac{n+1}{2}$ 项所对的那个标志值就是中位数;当 n 为偶数时,位于中间位置分别是第 $\frac{n}{2}$ 项和第 $\frac{n}{2}+1$ 项,中位数应该是这两项所对应的标志值的平均数。

针对上面资料,从小到大排列及其中位数如图 5-1 所示(单位:厘米)。

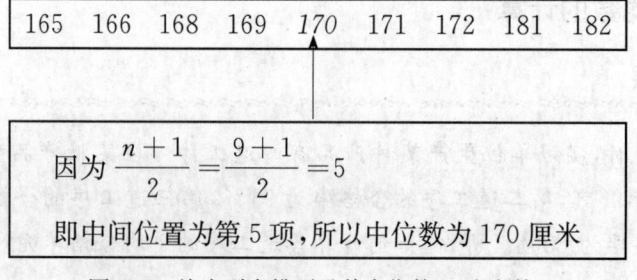

图 5-1　从小到大排列及其中位数(n 为奇数)

假定小明在测量本班学生身高时,得到 10 位男同学的身高数据,前 9 位男同学的身高数据同前,第 10 位男同学的身高数据为 182 厘米。针对此资料,从小到大排列及其中位数如图 5-2 所示(单位:厘米)。

$$165 \quad 166 \quad 168 \quad 169 \quad 170 \quad 171 \quad 172 \quad 181 \quad 182 \quad 182$$

因为 $\dfrac{n}{2} = \dfrac{10}{2} = 5 \quad \dfrac{n}{2} + 1 = \dfrac{10}{2} + 1 = 6$

即中间位置为第 5 项和第 6 项

中位数 $= \dfrac{170 + 171}{2} = \dfrac{341}{2} = 170.5$(厘米)

图 5-2 从小到大排列及其中位数(n 为偶数)

想一想

如何确定分组资料的中位数呢?

表 5-5 是小明所在班级"统计学原理"课程考试成绩分组资料。

表 5-5 "统计学原理"课程考试成绩分组计算表

按成绩分组	人数(f)
60 分以下	8
60~70 分	10
70~80 分	16
80~90 分	12
90~100 分	4
合计	50

如果我们把这 50 个学生按成绩从低到高排成一队,次数累计如图 5-3 所示。

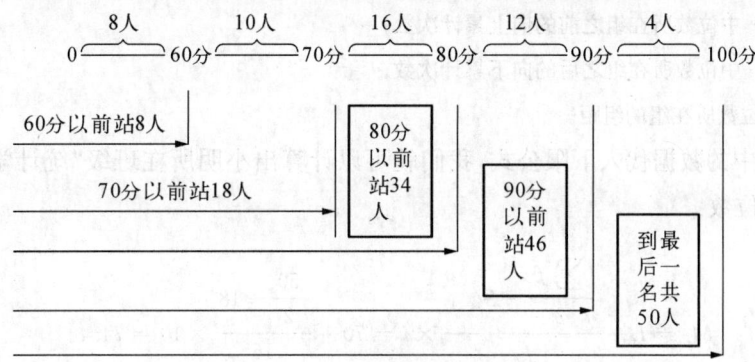

图 5-3 次数累计示意图

图 5-3 可用表的形式表现出来，如表 5-6 所示。

表 5-6 某班"统计学原理"课程考试成绩分组累计次数表

按成绩分组	人数(f)	累 计 次 数	
		向上累计	向下累计
60 分以下	8	8	50
60~70 分	10	18	42
70~80 分	16	34	32
80~90 分	12	46	16
90~100 分	4	50	4
合　计	50	—	—

那么谁站在中间呢？根据前面我们知道，中间位置是第 25 项和第 26 项，中位数就是第 25 项和第 26 项数值的平均数。我们可以推算第 25 项和第 26 项数值在第三组，但具体是多少，我们不知道。我们需要利用公式计算出分组资料情况下中位数的近似值。

下限公式：
$$M_e = L + \frac{\frac{\sum f}{2} - S_{m-1}}{f_m} \times i$$

上限公式：
$$M_e = U - \frac{\frac{\sum f}{2} - S_{m+1}}{f_m} \times i$$

式中　M_e——中位数；

　　　L——中位数所在组的下限；

　　　U——中位数所在组的上限；

　　　$\sum f$——总次数；

　　　f_m——中位数所在组的次数；

　　　S_{m-1}——中位数所在组之前的向上累计次数；

　　　S_{m+1}——中位数所在组之后的向下累计次数；

　　　i——中位数所在组的组距。

将表 5-6 中的数据代入下限公式，我们就可以计算出小明所在班级"统计学原理"课程考试成绩的中位数：

$$M_e = L + \frac{\frac{\sum f}{2} - S_{m-1}}{f_m} \times i = 70 + \frac{\frac{50}{2} - 18}{16} \times 10 = 74.4$$

利用上限公式如何计算表 5-6 中的中位数呢?请同学们自己做一做。

五、众数的计算

众数是指总体中各单位出现次数最多的那个标志值,也就是该总体各单位中最普通、最常出现的标志值。它从某个方面反映了总体的一般特征,所以,众数也是平均指标的一种。

当某种社会经济现象不可能或无必要全面登记出各单位标志值及各标志值出现的次数来计算算术平均数时,我们可用常出现的标志值即众数来代替其一般水平。

对于单项数列,根据表 5-7 中资料,次数最多的一组是第三组,所以众数就是 85。

表 5-7 "统计学原理"课程小组考试成绩分组表

按成绩分组(x)	各组人数(f)
60 分	2
75 分	2
85 分	4
90 分	2
100 分	1
合　计	10

对于组距数列,我们在计算众数时,要经过以下两个步骤:

第一步,确定众数所在的组。

第二步,利用公式计算众数的近似值

下限公式:
$$M_o = L + \frac{\Delta_1}{\Delta_1 + \Delta_2} \times i$$

上限公式:
$$M_o = U - \frac{\Delta_2}{\Delta_1 + \Delta_2} \times i$$

式中　M_o——众数;
　　　L——众数所在组的下限;
　　　U——众数所在组的上限;
　　　Δ_1——众数组次数与前一组次数之差;
　　　Δ_2——众数组次数与后一组次数之差;
　　　i——众数所在组的组距。

根据表 5-6 中的资料,用以上步骤确定"统计学原理"课程考试成绩的众数计算过程如下:

第一步,确定众数所在的组。最大次数为 16,众数组在第三组。

第二步,利用下限公式计算众数。

$$M_o = L + \frac{\Delta_1}{\Delta_1 + \Delta_2} \times i = 70 + \frac{16-10}{(16-10)+(16-12)} \times 10$$

$$= 70 + \frac{6}{6+4} \times 10$$

$$= 70 + 6 = 76$$

所以,表 5-6 中组距数列的众数为 $M_o = 76$。

练一练

利用上限公式如何计算表 5-6 中的众数呢？请同学们自己做一做。

任务 5-2 计算变异指标

一、变异指标的含义

下面是我们在任务 5-1 中所见到的两组数据(单位:分):

小明所在组(10 人):85 90 75 100 90 60 75 85 85 60

小阳所在组(11 人):70 70 100 60 85 100 90 90 70 90 85

我们通过计算知道,第一组平均成绩为 80.5 分,第二组平均成绩为 82.7 分,两组成绩分别集中于 80.5 分和 82.7 分。平均指标反映了标志值的集中程度。但是标志值之间也存在着一定的差异,如何反映标志值之间的差异程度呢？这就要用到标志变异指标。

变异指标是指反映总体各单位某一数量标志值之间的差异程度的指标。它说明变量的离中趋势,可以用来衡量平均数代表性的大小。

变异指标主要有全距、平均差、标准差和标准差系数。

二、变异指标的计算

1. 全距的计算

我们看小明所在组的成绩,最大值与最小值的差是多少？

全距又称极差,是指总体各单位标志值中的最大值与最小值之差。其计算公式为:

全距=最大标志值-最小标志值

对于组距数列,全距可以用最大组的上限减去最小组的下限,求出全距的近似值。

2. 平均差的计算

我们先计算下面一组数据的平均数:

$$\bar{x} = \frac{2+6+8+9+10}{5} = \frac{35}{5} = 7$$

每个变量值与平均数的差分别为:

$$x_1 - \bar{x} = 2 - 7 = -5$$
$$x_2 - \bar{x} = 6 - 7 = -1$$
$$x_3 - \bar{x} = 8 - 7 = 1$$
$$x_4 - \bar{x} = 9 - 7 = 2$$
$$x_5 - \bar{x} = 10 - 7 = 3$$

平均来说,每个变量值与其平均数的差是多少呢?如何计算?

因为 $(x_1 - \bar{x}) + (x_2 - \bar{x}) + (x_3 - \bar{x}) + (x_4 - \bar{x}) + (x_5 - \bar{x}) = (-5) + (-1) + 1 + 2 + 3 = 0$,各变量值与算术平均数的差有正有负,总和为零,但我们不能说每个变量值与其平均数的差平均来说是零。

为了消除正负号的影响,我们可以采用取绝对值的形式,对各变量值与算术平均数的差的绝对值求平均数,即平均差,利用这种方法反映变量值的差异程度。平均差的计算公式如下:

$$A.D. = \frac{\sum |x - \bar{x}|}{n}$$

上面例子的平均差为:

$$A.D. = \frac{\sum |x - \bar{x}|}{n} = \frac{|-5| + |-1| + |1| + |2| + |3|}{5}$$
$$= \frac{5 + 1 + 1 + 2 + 3}{5} = \frac{12}{5} = 2.4$$

计算结果表明,上面几个变量值中,平均来说,每个变量值与算术平均数的差的算术平均数为 2.4。也就是说,平均来说,每个变量值与算术平均数的差为 2.4。

如果掌握的资料是分组数列时,我们应采用加权算术平均式。其计算公式如下:

$$A.D. = \frac{\sum |x - \bar{x}| f}{\sum f}$$

根据表 5-7 资料,我们可以编制平均差计算表(见表 5-8),请同学们自己填写表中所缺的数据。

表 5-8 "统计学原理"课程小组考试成绩平均差计算表

按成绩分组 x	各组人数 f	各组总成绩 xf	离差 $x-\bar{x}$	离差绝对值 $|x-\bar{x}|$	各组总离差绝对值 $|x-\bar{x}|f$
100	1				
90	2				
85	3				
75	2				
60	2				
合　计	10				

第一步,计算平均数: $\bar{x} = \dfrac{\sum xf}{\sum f} = \dfrac{805}{10} = 80.5$(分)

第二步,计算平均差: $A.D. = \dfrac{\sum |x-\bar{x}|f}{\sum f} = \dfrac{104}{10} = 10.4$

计算结果表明,在小组的 10 个同学中,每个成员的考试成绩与小组平均成绩平均相差 10.4 分。

3. 标准差的计算

对于一个负数,我们想把它变成一个正数,平方后再开方,可以吗?

在计算平均差的过程中,我们利用取绝对值的形式消除了负号的影响。我们还可以利用先平方后开方的形式,把一个负数变为正数。

标准差又称为均方差,是指总体中各单位标志值与算术平均数离差平方的算术平均数的平方根。其计算公式如下:

简单标准差: $\sigma = \sqrt{\dfrac{\sum (x-\bar{x})^2}{n}}$

加权标准差: $\sigma = \sqrt{\dfrac{\sum (x-\bar{x})^2 f}{\sum f}}$

根据表 5-7 资料,我们可编制标准差计算表(见表 5-9)。

表 5-9 "统计学原理"课程小组考试成绩标准差计算表

按成绩分组 x	各组人数 f	各组总成绩 xf	离差 $x-\bar{x}$	离差平方 $(x-\bar{x})^2$	各组总离差平方 $(x-\bar{x})^2 f$
100	1	100	19.5	380.25	380.25
90	2	180	9.5	90.25	180.5
85	3	255	4.5	20.25	60.75
75	2	150	-5.5	30.25	60.5
60	2	120	-20.5	420.25	840.5
合 计	10	805	7.5	941.25	1 522.5

第一步,计算平均数: $\bar{x} = \dfrac{\sum xf}{\sum f} = \dfrac{805}{10} = 80.5(分)$

第二步,计算标准差: $\sigma = \sqrt{\dfrac{\sum (x-\bar{x})^2 f}{\sum f}} = \sqrt{\dfrac{1\ 522.5}{10}} = 12.34$

利用标准差,我们可以衡量平均数代表程度的大小。

表 5-10 是另外一组学生"统计学原理"课程考试情况(包含标准差的相关数据)。

表 5-10 "统计学原理"课程考试成绩标准差计算表

按成绩分组 x	各组人数 f	各组总成绩 xf	离差 $x-\bar{x}$	离差平方 $(x-\bar{x})^2$	各组总离差平方 $(x-\bar{x})^2 f$
100	2	200	19.5	380.25	760.5
95	2	190	14.5	210.25	420.5
75	3	225	-5.5	30.25	90.75
70	2	140	-10.5	110.25	220.5
50	1	50	-30.5	930.25	930.25
合 计	10	805	-12.5	1 661.25	2 422.5

第一步,计算平均数:80.5 分。

第二步,计算标准差: $\sigma = \sqrt{\dfrac{\sum (x-\bar{x})^2 f}{\sum f}} = \sqrt{\dfrac{2\ 422.5}{10}} = 15.56$

表 5-9 和表 5-10 两份资料的平均数都是 80.5 分,但后面的标准差大于前面的标准差,说明表 5-9 中平均数的代表性大。

4. 标准差系数的计算

在平均数相等的情况下,可以直接用标准差的大小来衡量平均数代表性的大小,若平均数不等,或不同性质的总体进行比较时,就要用标准差系数进行比较。标准差系数的计算公式如下:

$$V = \frac{\sigma}{\bar{x}} \times 100\%$$

例如,现有另外两个小组"统计学原理"课程考试成绩资料如表 5-11 所示。

表 5-11 两小组"统计学原理"课程考试成绩表

项 目	各组平均成绩	各组标准差	标准差系数
甲 组	80	17	21.25%
乙 组	90	15	16.67%

从表 5-11 中数字看出,甲组考试成绩的标准差大于乙组,但不能因此判断甲组平均成绩的代表性就小,因为两组的平均数不一致,所以要用标准差系数进行比较。

由于 $V_甲 > V_乙$,即乙组的标准差系数较小,说明乙组的平均数代表性较高。

知识扩展

是非标志的平均数和标准差

有些现象的特征中只表现为两种属性上的差异,如产品的质量有合格和不合格,这种只表现为是或否、有或无的标志称为是非标志。

通常要研究的那个属性称作"是",取值为 1;非研究的那个属性称作"非",取值 0。我们用 N 表示全部单位数,N_1 表示具有某种特征的单位数,N_0 表示不具有某种特征的单位数。则具有某种特征的平均数的计算公式如下:

$$\bar{x}_p = \frac{\sum xf}{\sum f} \times 100\% = \frac{1 \times N_1 + 0 \times N_0}{N_1 + N_0} \times 100\% = \frac{N_1}{N} \times 100\% = p$$

是非标志的标准差计算表如表 5-12 所示。

表 5-12 是非标志的标准差计算表

变量值	次数	变量值与平均数离差	离差平方	离差平方加权
1	N_1	$1-p$	$(1-p)^2$	$(1-p)^2 N_1$
0	N_0	$1-q$	$(1-q)^2$	$(1-q)^2 N_0$
合 计	N			$(1-p)^2 N_1 + (1-q)^2 N_0$

项目 5 平均指标和变异指标

(续上)

是非标志的标准差的计算公式如下：

$$\sigma = \sqrt{\frac{\sum(x-\bar{x})^2 f}{\sum f}} = \sqrt{\frac{(1-p)^2 N_1 + p^2 N_0}{N_1 + N_0}} = \sqrt{(1-p)^2 \frac{N_1}{N} + p^2 \cdot \frac{N_0}{N}}$$

$$= \sqrt{(1-p)^2 p + p^2 q} = \sqrt{q^2 p + p^2 q} = \sqrt{pq(q+p)} = \sqrt{pq} = \sqrt{p(1-p)}$$

项目小结

平均指标和变异指标是反映总体分布的集中趋势和离散趋势的指标。

平均指标有算术平均数、调和平均数、几何平均数、中位数和众数等。

算术平均数是统计分析中最基本、最常用的平均指标，它是用总体的单位总量除以总体标志总数。算术平均数有简单算术平均数和加权算术平均数，其中加权算术平均数应用最为广泛。

调和平均数是各个变量值倒数的算术平均数的倒数，它是算术平均数的一种变形。在缺少总体的单位数资料、不能采用算术平均数计算时，我们常采用调和平均数来计算。

几何平均数是 n 个变量值连乘积的 n 次方根。它要求被平均的 n 个比率值或速度值的连乘积等于总比率或总速度。它是计算平均比率和平均速度时常用的方法。

中位数是指将所有变量值按大小顺序排列后，居于中间位置的变量值。对于未分组资料，当变量个数为奇数时，则位于中间位置那个变量值就是中位数；当变量值的个数为偶数时，位于中间位置有两个变量值，中位数是这两个变量值的算术平均数。对于组距数列，我们在计算中位数时可采用上限公式和下限公式。

众数是指总体中各单位出现次数最多的那个标志值，也就是该总体各单位中最普通、最常出现的标志值。对于单项数列，最大次数所对应的变量值就是众数；对于组距数列，计算众数时也可采用上限公式和下限公式。

反映变量值之间差异或离散程度的指标称为变异指标。变异指标越大，反映平均数的代表程度越小。变异指标主要有全距、平均差、标准差和标准差系数。

全距又称极差，是指总体各单位标志值中的最大值与最小值之差。它容易受极端值的影响。

平均差是指各个变量值与算术平均数的差的绝对值的算术平均数。它反映每个变量值与算术平均数的差的平均水平。

标准差是指各个变量值与其算术平均数差的平方的算术平均数的平方根。与平均差相比，它是采用平方的形式消除负号的影响，便于进行数学处理，所以标准差的应用更为广泛。标准差系数消除了变量值水平高低和计算单位不同的影响，是反映离散程度的相对指标。

项目训练题

一、复习思考题

1. 什么是平均指标？平均指标有哪些？
2. 什么是加权算术平均数？在什么情况下采用加权算术平均数？
3. 什么是变异指标？变异指标有什么作用？常用的变异指标有哪些？
4. 平均差与标准差有什么异同？

二、单项选择题

1. 根据组距数列计算算术平均数，要用组中值作为组内变量值一般水平的代表值，是因为（　　）。
   A. 组中值就是组平均数　　　　　　B. 组中值比组平均数更有代表性
   C. 组中值计算简单　　　　　　　　D. 组中值更有说服力

2. 下列指标中，属于平均指标的是（　　）。
   A. 全国人均小麦产量　　　　　　　B. 平均年龄
   C. 某市人均收入　　　　　　　　　D. 人口密度

3. 如果利用简单算术平均数和加权算术平均数计算的结果相同，是因为（　　）。
   A. 有存在权数　　　　　　　　　　B. 权数相等
   C. 权数明显分散　　　　　　　　　D. 权数明显集中

4. 加权算术平均数不但受标志值大小的影响，而且也受各组次数多少的影响，因为当（　　）时，对平均数没有影响。
   A. 标志值较小而次数较多
   B. 标志值较大而次数较少
   C. 标志值出现的次数相等
   D. 标志值较大而次数较多

5. 标准差是（　　）。
   A. 各个离差总和的平均根　　　　　B. 离差平方平均数的平均根
   C. 离差平方和的平均根　　　　　　D. 离差平方根的平均数

6. 中位数是（　　）。
   A. 一种代表值　　　　　　　　　　B. 不是一种代表值
   C. 出现次数最多的数值　　　　　　D. 最常见的变异指标

7. 变异指标数值越大，则（　　）。

A. 平均数的代表性就越大 B. 平均数的代表性就越小
C. 平均数的代表性不受影响 D. 无法判断

8. 某制鞋厂欲了解某类女式皮鞋的代表性尺码,最合适的指标是(　　)。

A. 算术平均数 B. 调和平均数
C. 众数 D. 中位数

9. 标准差系数(　　)。

A. 将各单位标志值差异程度抽象掉了
B. 反映绝对差异程度
C. 一般在数列水平相同条件下使用
D. 在比较两个不同水平数列或性质不同的数列差异程度大小时使用

10. 如果所有标志值的次数都减少一半,那么平均数(　　)。

A. 不变 B. 减小一半
C. 增加一倍 D. 不能判断

三、判断题

1. 平均指标将各单位的数量差异抽象化了,所以平均指标数值的大小与个别标志值的大小无关。(　　)

2. 在计算平均数时,采用调和平均数还是算术平均数,取决于掌握的资料不同。(　　)

3. 变量值的个数是偶数时,无法确定中位数。(　　)

4. 标准差越大,平均数的代表程度越高。(　　)

5. 中位数和众数比算术平均数更能说明变量值的一般水平。(　　)

6. 全距是指一个数列两个极端标志值之差。它计算简便,易于了解,因而是最常用的标志变异指标。(　　)

7. 利用组中值作为各组变量值的代表性数值,是因为组中值容易计算。(　　)

8. 某企业流通费用计划完成程度为110%,说明该企业超额10%完成了任务。(　　)

9. 几何平均数是 n 个变量值连乘积的 n 次方根,它要求被平均的 n 个比率值或速度值的连乘积等于总比率或总速度。(　　)

10. 标准差是各个变量值与其算术平均数差的平方的算术平均数的平方根。不管在什么情况下,我们都可以直接用标准差的大小来反映不同总体平均数的代表程度。(　　)

四、计算分析题

1. 某工厂工人月工资分组资料如表5-13所示。试计算该厂工人的月平均工资。

表 5-13　某工厂工人月工资分组资料

按月工资分组	工人数（人）
3 000 元以下	100
3 000~3 500 元	140
3 500~4 000 元	180
4 000~4 500 元	240
4 500~5 000 元	160
5 000 元以上	80
合　计	900

2. 某工厂工人日产量分组资料如表 5-14 所示。试计算该厂的人均日产量。

表 5-14　某工厂工人日产量分组资料

按日产量分组（件/人）	总产量（件）
10	20
12	72
15	300
18	144
20	80
合　计	616

3. 某超市 50 名职工按销售量分组资料如表 5-15 所示。

表 5-15　某超市职工销量分组资料

按销售量分组	人数（人）
10 件以下	6
10~20 件	10
20~30 件	20
30~40 件	10
40 件以上	4
合　计	50

要求：
（1）计算平均每人销售量。
（2）计算销售量的众数和中位数。

4. 已知某班"统计学原理"课程考试成绩如表 5-16 所示。试计算该班学生考试成绩的标准差和标准差系数。

表 5-16 某班"统计学原理"课程考试成绩情况

按成绩分组	人数(人)
60 分以下	2
60~70 分	16
70~80 分	20
80~90 分	8
90~100 分	4
合　计	50

5. 两个工厂工人的劳动生产率资料如表 5-17 所示。试分析哪个工厂的工人劳动生产率的代表性高。

表 5-17 两工厂工人劳动生产率资料

项　目	平均劳动生产率(元)	标准差(元)
甲　厂	12 000	500
乙　厂	8 000	400

项目 6

动态数列分析

学习目标

- ☞ 了解动态数列的含义。
- ☞ 区分动态数列的种类。
- ☞ 掌握各种水平指标及速度指标的计算方法。
- ☞ 理解一般平均数与序时平均数的区别。
- ☞ 了解现象变动的趋势分析。

任务 6-1　认识动态数列

一、动态数列的含义

表 6-1 是我国某种产品 2014—2021 年的产量情况。

表 6-1　我国 2014—2021 年某产品产量情况　　　单位：亿吨①

年份	2014	2015	2016	2017	2018	2019	2020	2021
产量	7.17	7.89	8.72	8.94	9.20	9.70	10.40	11.11

表 6-1 中的产量随着时间的变化而不断地在发生着变动,这就是一个动态数列。

动态数列又称时间数列,是指将说明统计总体的某一指标在不同时间上的数值,按时间先后顺序排列而形成的一种数列。

想一想

在日常生活中,我们还可以见到很多用不同时间上的数值来分析事物发展变化规律的实例,请同学们自己也来列一些吧。

---

① 1 吨＝1 000 千克。

从表 6-1 的构成上我们可以看出,动态数列由两个要素构成:一是现象所属的时间(表中第一行);二是指标数值(表中第二行)。

二、动态数列的种类

根据动态数列中的指标表现不同,动态数列可分为总量指标动态数列、相对指标动态数列和平均指标动态数列三种。

1. 总量指标动态数列

把总量指标在不同时间上的数值按时间先后顺序排列就形成总量指标动态数列。

表 6-2 中所列的 2016—2021 年甲地税收基本情况就是一个总量指标动态数列。

表 6-2 2016—2021 年甲地税收基本情况   单位:亿元

年 份	2016	2017	2018	2019	2020	2021
年税收额	5	5.8	6.2	6.9	7.3	7.7

把甲地 2016—2021 年的年末人口数按时间先后顺序排列起来,就可以构成如表 6-3 所示的总量指标动态数列。

表 6-3 2016—2021 年甲地年末人口数量统计表   单位:万人

年 份	2016	2017	2018	2019	2020	2021
年末人口数	50	51.2	51.7	52	52.8	53.1

想一想

在项目四中,总量指标根据反映的时间状况不同可分为时期指标和时点指标。相对应的,总量指标动态数列也可以分为时期指标数列(简称时期数列)和时点指标数列(简称时点数列)。表 6-2 和表 6-3 中,哪一个是时期数列?哪一个是时点数列?时期数列和时点数列各有什么特点?

2. 相对指标动态数列

把一系列同类相对指标按时间先后顺序排列而形成的时间数列就是相对指标动态数列。

表 6-4 中所列的我国民政事业费支出占国家财政支出的比重,就是一个相对指标动态数列。

表 6-4 民政事业费支出占国家财政支出的比重   金额单位:亿元

年 份	2016	2017	2018	2019	2020
民政事业各项费用支出	5 440.2	5 932.7	4 076.9	4 279.2	4 808.2

(续表)

年 份	2016	2017	2018	2019	2020
国家财政支出	160 351.4	173 228.3	188 196.3	203 743.2	245 679.0
占国家财政支出比重	3.39%	3.42%	2.17%	2.10%	1.96%

3. 平均指标动态数列

由一系列平均指标按时间先后顺序排列形成的动态数列即为平均指标动态数列。表6-5中所列的某市历年来职工平均工资变动情况，就是一个平均指标动态数列。

表6-5 某市历年来职工平均工资变动情况

年 份	2016	2017	2018	2019	2020	2021
年平均工资(元)	38 186	41 250	44 320	49 156	52 265	56 688

练一练

表6-6至表6-8所示的动态数列中，哪些属于总量指标动态数列？哪些属于相对指标动态数列？哪些属于平均指标动态数列？

表6-6 甲城市2016—2021年年末人口数数列

年 份	2016	2017	2018	2019	2020	2021
人口数(万人)	1 000	1 223	1 236	1 248	1 259	1 265

表6-7 乙城市2016—2021年男性人口占总人口的比重数列

年 份	2016	2017	2018	2019	2020	2021
男性人口比重	51.03%	50.82%	51.07%	50.98%	50.98%	51.63%

表6-8 丙城市2016—2021年职工年平均货币工资数列

年 份	2016	2017	2018	2019	2020	2021
年平均货币工资(元)	55 700	58 236	61 402	63 009	64 628	68 512

任务6-2 动态数列的水平指标

利用动态数列对现象的发展方向、速度、趋势等进行分析，我们需运用一系列动态分析指标。动态分析指标主要分为两大类：一类是水平指标，即发展水平、平均发展水平、增长量、平均增长量等指标；另一类是速度指标，即发展速度、平均发展速度、增长速度和平均增长速度等指标。任务 6-2 主要阐述现象发展的水平指标。

一、发展水平

动态数列中的每个指标数值就是发展水平。发展水平一般是时期或时点总量指标，如销售额、在册工人数等；也可以是平均指标，如平均工资、单位产品成本等；还可以是相对指标，如计划完成程度、商品流转次数等。

由于发展水平所处的位置不同，动态数列有最初水平和最末水平。最初水平是指动态数列中第一项指标数值，它表示事物发展的原有基础；最末水平是指最后一项指标，它表示事物发展在一定时期内的最终结果。动态数列可用符号表示为：$a_0, a_1, a_2, a_3, \cdots, a_n$。其中，$a_0$ 是最初水平；a_n 是最末水平；其余的就是中间各项水平，简称中间水平。

为了计算动态分析指标，我们需要将不同时间的发展水平进行比较。在进行对比时，我们把所要研究的那个时期（时点）的发展水平叫做报告期发展水平（或计算期水平），简称报告期水平；把用来作为对比基础时期（时点）的发展水平叫做基期发展水平，简称基期水平。报告期水平和基期水平不是固定不变的，它根据研究的目的不同和时间的变更而改变。

二、平均发展水平的计算

平均发展水平又称序时平均数或动态平均数，是指根据动态数列中各个不同时期的发展水平所计算的平均数。

总量指标序时平均数的计算是解决其他两个序时平均数计算的关键。

（一）根据总量指标动态数列计算序时平均数

1. 由时期数列计算序时平均数

$$\bar{a} = \frac{a_1 + a_2 + \cdots + a_n}{n} = \frac{\sum a}{n}$$

式中　$\bar{a}$——序时平均数；

　　　a——各时期发展水平；

　　　n——时期项数。

[例 6-1]　某商品流通企业 2021 年各月商品销售额资料如表 6-9 所示。

表 6-9　某商品流通企业 2021 年各月商品销售额　　　单位：万元

月　份	1	2	3	4	5	6	7	8	9	10	11	12
销售额	300	400	380	440	480	520	540	600	660	760	700	820

第一季度月平均销售额 = $\dfrac{300+400+380}{3}$ = 360(万元)

第二季度月平均销售额 = $\dfrac{440+480+520}{3}$ = 480(万元)

第三季度月平均销售额 = $\dfrac{540+600+660}{3}$ = 600(万元)

第四季度月平均销售额 = $\dfrac{760+700+820}{3}$ = 760(万元)

全年月平均销售额 = $\dfrac{300+400+380+440+480+520+540+600+660+760+700+820}{12}$

= 550(万元)

2. 由时点数列计算的序时平均数

如果时点数列每天的数据资料都齐全,该时点数列就称为连续时点数列;否则,就称为间断时点数列。

1) 由连续时点数列计算序时平均数

(1) 间隔相等的连续时点数列序时平均数的计算。其计算公式如下:

$$\bar{a} = \dfrac{a_1 + a_2 + \cdots + a_n}{n} = \dfrac{\sum a}{n}$$

[例 6-2] 某专业学生星期一至星期五出勤人数资料如表 6-10 所示。试计算该专业学生平均每天出勤人数。

表 6-10 某专业学生出勤资料

星期	星期一	星期二	星期三	星期四	星期五
人数(人)	160	156	162	158	154

$$\bar{a} = \dfrac{\sum a}{n} = \dfrac{160+156+162+158+154}{5} = 158(人)$$

由计算可知,该专业学生本星期平均每天出勤人数为 158 人。

(2) 间隔不等的连续时点数列序时平均数的计算。

如果被研究现象不是逐日变动的,而是每隔一段时间变动一次,则可根据每次变动的记录资料,用每次变动持续的间隔时间为权数(f)对其时点水平(a)加权,应用加权算术平均法计算序时平均数。其计算公式为:

$$a = \dfrac{a_1 f_1 + a_2 f_2 + \cdots + a_n f_n}{f_1 + f_2 + \cdots + f_n} = \dfrac{\sum af}{\sum f}$$

[例 6-3] 某企业 2021 年 6 月上旬职工出勤情况如表 6-11 所示。

表 6-11 某企业 2021 年 6 月上旬职工出勤情况

日　期	1～3 日	4～5 日	6～7 日	8 日	9～10 日
职工出勤数（人）	250	262	258	266	272

则该企业 6 月上旬职工平均每日出勤人数为：

$$平均每日出勤人数 = \frac{250 \times 3 + 262 \times 2 + 258 \times 2 + 266 \times 1 + 272 \times 2}{3 + 2 + 2 + 1 + 2}$$

$$= 260（人）$$

2）由间断时点数列计算序时平均数

（1）根据间隔相等的间断时点数列计算序时平均数。如果掌握了间隔相等的每期期末资料，如商业企业中职工人数和商品库存等月末数字，我们即可采用简单算术平均法计算序时平均数。

间隔相等的间断时点数列序时平均数的计算公式如下：

$$\bar{a} = \frac{\frac{a_1}{2} + a_2 + a_3 + \cdots + \frac{a_n}{2}}{n-1}$$

式中　n——时点数列的项数。

[例 6-4]　小明在某企业实习时搜集到该企业 2021 年 9～12 月职工人数资料，如表 6-12 所示。试计算该企业 2021 年 9～12 月平均职工人数。

表 6-12 某企业 2021 年 9～12 月职工人数资料

日　期	9 月 30 日	10 月 31 日	11 月 30 日	12 月 31 日
月末职工人数（人）	250	242	246	244

$$第四季度平均职工人数 = \frac{\frac{250+242}{2} + \frac{242+246}{2} + \frac{246+244}{2}}{3}$$

$$= \frac{\frac{250}{2} + 242 + 246 + \frac{244}{2}}{3}$$

$$= 245（人）$$

（2）根据间隔不等的间断时点数列计算序时平均数。

小明在实习过程中发现，就间断时点数列来说，在有些情况下，所得到的资料的间隔也可能是不相等的。那么这些资料的序时平均数又是如何计算的呢？

如果掌握间隔不等的每期期末资料，我们即可用各间隔时间为权数对各项相应的相邻两时点数列加权，应用加权算术平均法来计算序时平均数。其计算公式如下：

$$\bar{a} = \frac{\frac{a_1+a_2}{2} \cdot f_1 + \frac{a_2+a_3}{2} \cdot f_2 + \cdots + \frac{a_{n-1}+a_n}{2} \cdot f_{n-1}}{f_1 + f_2 + \cdots + f_{n-1}}$$

[例6-5] 某商场2021年库存情况如表6-13所示。试计算该商场2021年的月平均库存额。

表6-13 某商场2021年库存情况表

日　　期	1月1日	3月1日	7月1日	12月31日
商品库存额(万元)	200	220	260	300

根据表6-13中资料可以计算该商场2021年月平均库存额为：

$$\bar{a} = \frac{\frac{200+220}{2} \times 2 + \frac{220+260}{2} \times 4 + \frac{260+300}{2} \times 6}{2+4+6}$$

$$= \frac{3\,040}{12} = 253.3(万元)$$

（二）根据相对指标动态数列或平均指标动态数列计算序时平均数

其基本计算公式如下：

$$\bar{c} = \frac{\bar{a}}{\bar{b}}$$

式中　$\bar{c}$——相对数或平均数动态数列的序时平均数；

　　　$\bar{a}$——分子的总量指标动态数列的序时平均数；

　　　$\bar{b}$——分母的总量指标动态数列的序时平均数。

1. 由两个时期数列对比形成的相对数或平均数动态数列的序时平均数的计算

其计算公式如下：

$$\bar{c} = \frac{\bar{a}}{\bar{b}} \times 100\%$$

$$= \frac{\frac{a_1+a_2+\cdots+a_n}{n}}{\frac{b_1+b_2+\cdots+b_n}{n}} \times 100\%$$

$$= \frac{\frac{\sum a}{n}}{\frac{\sum b}{n}} \times 100\%$$

$$= \frac{\sum a}{\sum b} \times 100\%$$

由于相对数或平均数都是由两个总量指标对比形成的,即 $c = \dfrac{a}{b}$,该公式可变形为:$a = b \cdot c$ 或 $b = \dfrac{a}{c}$,所以可以根据掌握的资料计算序时平均数:

$$\bar{c} = \dfrac{\sum a}{\sum b} \times 100\%$$

$$= \dfrac{\sum b \cdot c}{\sum b} \times 100\%$$

$$= \dfrac{\sum a}{\sum \dfrac{a}{c}} \times 100\%$$

[例 6-6] 某企业 2021 年 1~3 月产量计划完成程度情况如表 6-14 所示。试计算该企业第一季度平均计划完成程度。

表 6-14 某企业 2021 年 1~3 月产量计划完成程度　　　单位:件

月　份	1月	2月	3月
实际完成程度(a)	510	618	864
计划完成程度(b)	500	600	800
计划完成(c)	102%	103%	108%

$$\bar{c} = \dfrac{\bar{a}}{\bar{b}} \times 100\%$$

$$= \dfrac{\sum a}{\sum b} \times 100\%$$

$$= \dfrac{510 + 618 + 864}{500 + 600 + 800} \times 100\%$$

$$= 104.8\%$$

2. 由两个时点数列对比形成的相对指标或平均指标动态数列计算序时平均数

[例 6-7] 某企业 2021 年 1~3 月生产工人占全部职工的比重资料如表 6-15 所示。试计算该企业第一季度平均每月生产工人占全部职工的平均比重。

表 6-15 某企业 2021 年 1~3 月生产工人占全部职工的比重资料

日　期	1月1日	2月1日	2月28日	3月31日
生产工人(a)	300	368	390	408
全部工人(b)	400	460	500	510
比重(c)	75%	80%	78%	80%

根据表 6-15 中资料,第一季度平均每月生产工人数占全部职工人数的比重为:

$$\bar{c} = \frac{\bar{a}}{\bar{b}} \times 100\%$$

$$= \frac{\dfrac{\dfrac{a_1}{2} + a_2 + \cdots + \dfrac{a_n}{2}}{n-1}}{\dfrac{\dfrac{b_1}{2} + b_2 + \cdots + \dfrac{b_n}{2}}{n-1}} \times 100\%$$

$$= \frac{\dfrac{\dfrac{300}{2} + 368 + 390 + \dfrac{408}{2}}{4-1}}{\dfrac{\dfrac{400}{2} + 460 + 500 + \dfrac{510}{2}}{4-1}} \times 100\%$$

$$= 78.6\%$$

3. 由一个时期数列和一个时点数列对比形成的相对指标或平均指标的动态数列计算序时平均数

[例 6-8] 某商品流通企业 2021 年第一季度商品销售额与月初库存额资料如表 6-16 所示。试计算该商品流通企业第一季度平均商品流转次数。

表 6-16 某商品流通企业 2021 年第一季度商品销售额月初库存额资料

月份	单位	1	2	3	4
商品销售额(a)	万元	120	220	350	—
月初商品库存额(b)	万元	50	70	90	110
商品流转次数(c)	次	2	2.75	3.5	—

$$\bar{c} = \frac{\bar{a}}{\bar{b}} = \frac{\dfrac{\sum a}{n}}{\dfrac{\dfrac{b_1}{2} + b_2 + \cdots + \dfrac{b_n}{2}}{n-1}} = \frac{\dfrac{120+220+350}{3}}{\dfrac{\dfrac{50}{2} + 70 + 90 + \dfrac{110}{2}}{4-1}} = \frac{230}{80} = 2.875(\text{次})$$

该商品流通企业第一季度平均商品流转次数为 2.875 次。

发展水平与平均发展水平的用途有什么不同？它们有什么联系与区别？

三、增长量的计算

增长量也称增减量,是指某种社会经济现象在一定时期内增长或减少的绝对数量。它等于报告期水平与基期水平之差。其计算公式如下:

$$增长量＝报告期水平－基期水平$$

1. 逐期增长量

逐期增长量是指以相邻前期为基期,用报告期水平减去前一期的水平计算的增长量。它表示各报告期比前一期(相邻前期)增长的绝对数量。其计算公式如下:

$$逐期增长量＝报告期水平－前一期水平$$

逐期增长量可用符号表示为:$a_1-a_0;a_2-a_1;\cdots;a_n-a_{n-1}$。

2. 累积增长量

累积增长量是指用报告期水平减去某一固定基期水平计算的增长量。它表示某种现象在一定时期内(从固定基期到报告期)累积增长的总量。其计算公式如下:

$$累积增长量＝报告期水平－某一固定基期水平$$

累积增长量可用符号表示为:$a_1-a_0;a_2-a_0;\cdots;a_n-a_0$。

知识扩展

逐期增长量与累积增长量的关系

第一,整个时期的逐期增长量之和等于最后一个时期的累积增长量。其可用公式表示为:

$$(a_1-a_0)+(a_2-a_1)+\cdots+(a_n-a_{n-1})=a_n-a_0$$

第二,相邻两个时期的累积增长量之差等于相应时期的逐期增长量。其可用公式表示为:

$$(a_t-a_0)-(a_{t-1}-a_0)=a_t-a_{t-1}$$

在实际统计分析工作中,为了消除季节变动的影响,我们也常计算本期发展水平比去年同期发展水平的增长量,这个指标称为年距增长量。其计算公式如下:

$$年距增长量＝本期发展水平－去年同期发展水平$$

四、平均增长量的计算

平均增长量是指动态数列的各个逐期增长量的序时平均数。它用来说明现象在一定时期内平均每期增长的数量。其计算公式如下:

$$\text{平均增长量} = \frac{\text{逐期增长量之和}}{\text{逐期增长量的个数}} = \frac{\text{累积增长量}}{\text{时间数列项数}-1} \tag{6-1}$$

式(6-1)可用符号表示为：

$$\text{平均增长量} = \frac{(a_1-a_0)+(a_2-a_1)+\cdots+(a_n-a_{n-1})}{n} = \frac{a_n-a_0}{n}$$

[例6-9] 某企业2016—2021年产量资料如表6-17所示。试计算该企业的平均增长量。

表6-17　某企业2016—2021年产量资料　　　　单位：万件

年份		2016	2017	2018	2019	2020	2021
发展水平		22	21	19	25	23	26
增长量	逐期增长量	—	−1	−2	6	−2	3
	累积增长量	—	−1	−3	3	0	4

$$\text{平均增长量} = \frac{(a_1-a_0)+(a_2-a_1)+\cdots+(a_n-a_{n-1})}{n}$$

$$= \frac{(-1)+(-2)+6+(-2)+3}{5} = \frac{4}{5} = 0.8(\text{万件})$$

或　　　$$\text{平均增长量} = \frac{a_n-a_0}{n} = \frac{26-22}{5} = \frac{4}{5} = 0.8(\text{万件})$$

练一练

1．某企业2021年第一季度产量资料如表6-18所示。试计算该企业第一季度的平均产量。

表6-18　某企业2021年第一季度产量资料

月份	1	2	3
产量（吨）	480	490	500

2．某企业2021年第三季度职工人数资料如表6-19所示。试计算该企业第三季度的平均职工人数。

表6-19　某企业2021年第三季度职工人数资料

日期	6月30日	7月31日	8月31日	9月30日
职工人数（人）	2 510	2 590	2 614	2 608

3．某企业2021年第三季度职工人数资料如表6-20所示。试计算该企业第三季度工

人人数占全部职工的平均比重。

表 6-20　某企业 2021 年第三季度职工人数资料

日　　期	6月30日	7月31日	8月31日	9月30日
工人数（人）	645	670	695	710
职工人数（人）	805	826	830	854
工人占职工的百分比	80.1%	81.1%	83.7%	83.1%

任务 6-3　动态数列的速度指标

一、发展速度的计算

发展速度是表明社会经济现象发展方向和程度的动态分析指标。它是根据报告期水平和基期水平对比而得到的动态相对数。它主要说明报告期水平已发展到（或增加到）基期水平的若干倍（或百分之几）。其计算公式如下：

$$发展速度 = \frac{报告期水平}{基期水平}$$

小明通过思考发现，在对比时会出现对比的基期有不同的情况，有时可以固定在某一个时期，有时可以循环变化。

1. 定基发展速度的计算

定基发展速度是指报告期水平与某一固定时期水平（通常为最初水平）之比。它表明这种社会经济现象在较长时期内总的发展速度。其计算公式如下：

$$定基发展速度 = \frac{报告期水平}{固定基期水平}$$

定基发展速度可用符号表示为：$\frac{a_1}{a_0}, \frac{a_2}{a_0}, \frac{a_3}{a_0}, \ldots, \frac{a_n}{a_0}$。

这里把最初水平 a_0 作为固定基期。

2. 环比发展速度的计算

环比发展速度是指报告期水平与其相邻的前一期水平之比。它表明这种社会经济现象逐期发展的程度。其计算公式如下：

$$环比发展速度 = \frac{报告期水平}{前一期水平}$$

环比发展速度可用符号表示为：$\frac{a_1}{a_0}, \frac{a_2}{a_1}, \frac{a_3}{a_2}, \ldots, \frac{a_n}{a_{n-1}}$。

> **知识扩展**
>
> **定基发展速度与环比发展速度的关系**
>
> （1）定基发展速度等于相应时期内的各个环比发展速度的连乘积，用符号表示为：
>
> $$\frac{a_1}{a_0} \times \frac{a_2}{a_1} \times \frac{a_3}{a_2} \times \cdots \times \frac{a_n}{a_{n-1}} = \frac{a_n}{a_0}$$
>
> 各环比发展速度的连乘积＝定基发展速度
>
> （2）相邻两个定基发展速度之比等于相应时期的环比发展速度，用符号表示为：
>
> $$\frac{a_i}{a_0} \div \frac{a_{i-1}}{a_0} = \frac{a_i}{a_{i-1}}$$

3. 年距发展速度

在统计工作中，为了消除季节变动的影响，我们通常计算年距发展速度，用来说明本期发展水平与去年同期水平对比而达到的相对发展方向与程度。其计算公式如下：

$$年距发展速度 = \frac{本期发展水平}{去年同期发展水平}$$

二、增长速度的计算

增长速度是表明社会经济现象增长程度的动态相对指标。它是根据增长量与其基期水平对比求得。其计算公式如下：

$$增长速度 = \frac{报告期增长量}{基期水平}$$

$$= \frac{报告期水平 - 基期水平}{基期水平}$$

$$= \frac{报告期水平}{基期水平} - 1$$

或　　　　　　　　　　　增长速度 ＝ 发展速度－1（或100％）

1. 定基增长速度的计算

定基增长速度是指报告期的累积增长量与某一固定基期水平之比。它表明社会经济现象在某一较长时期内总的相对增长速度。其计算公式如下：

$$定基增长速度 = \frac{累积增长量}{某一固定基期水平}$$

$$= \frac{报告期水平 - 某一固定基期水平}{某一固定基期水平}$$

＝ 定基发展速度－1（或100％）

2. 环比增长速度的计算

环比增长速度是指报告期逐期增长量与前一期水平之比。它表明社会经济现象逐期的相对增长方向和程度。其计算公式如下：

$$环比增长速度 = \frac{逐期增长量}{前一期水平}$$

$$= \frac{报告期水平 - 前一期水平}{前一期水平}$$

$$= 环比发展速度 - 1(或 100\%)$$

定基增长速度和环比增长速度之间的换算关系

定基增长速度和环比增长速度都是发展速度的派生指标，只反映增长部分的相对程度，所以两者之间不能直接换算，即定基增长速度不等于环比增长速度的连乘积。如果要进行换算，则首先将环比增长速度加 1 变成环比发展速度；其次将各期环比发展速度连乘，得到定基发展速度；最后用定基发展速度减 1，即为定基增长速度。

3. 年距增长速度

在统计实际工作中，为了消除季节变动的影响，我们也常计算年距增长速度，用来说明年距增长量与去年同期发展水平对比达到的相对增长程度。其计算公式如下：

$$年距增长速度 = \frac{年距增长量}{去年同期发展水平}$$

$$= 年距发展速度 - 1(或 100\%)$$

三、增长 1% 的绝对值

速度指标反映社会经济现象发展或增长的相对程度，是一种相对数。它抽象了现象的绝对水平。我们在分析现象发展情况时，除了计算发展速度和增长速度，还应结合"增长 1% 的绝对值"这一指标进行分析，才能得出正确的结论。

增长 1% 的绝对值是指在报告期水平与基期水平对比中，报告期比基期每增长 1% 所包含的绝对量。它是用逐期增长量与环比增长速度对比求得的。其计算公式如下：

$$增长 1\% 的绝对值 = \frac{逐期增长量}{环比增长速度 \times 100}$$

$$= \frac{a_i - a_{i-1}}{\dfrac{a_i - a_{i-1}}{a_{i-1}} \times 100}$$

$$= \frac{a_{i-1}}{100}$$

即：$增长 1\% 的绝对值 = \dfrac{前期水平}{100}$

[例 6-10] 下面以德美超市集团第二十五分店 2016—2021 年销售利润为例来计算各种动态指标，如表 6-21 所示。表中所缺数据由自己试着填写。

表 6-21 德美超市集团第二十五分店 2016—2021 年销售利润表

年 份			2016	2017	2018	2019	2020	2021
发展水平(万元)		(1)	134.9	177.4	222.5	285.3	446.3	535
增长量(万元)	累积	(2)	—	42.5		150.4		400.1
	逐期	(3)	—	42.5		62.8		88.7
发展速度	环比	(4)	—	131.5%		128.2%		119.8%
	定基	(5)	100%	131.5%		211.5%		396.6%
增长速度	环比	(6)	—	31.5%		28.2%		19.8%
	定基	(7)	—	31.5%		111.5%		296.6%
增长 1% 的绝对值		(8)	—	1.35		2.23		4.46

四、平均发展速度与平均增长速度

平均发展速度是动态数列中的各个环比发展速度的平均数，也就是把全期的总发展速度平均化。它说明某种现象在一个较长时期中逐期平均发展变化的程度。平均增长速度是各期环比增长速度的平均数，它说明现象在一段时间内增长速度的一般水平。

平均发展速度与平均增长速度的关系为：

$$\text{平均增长速度} = \text{平均发展速度} - 1$$

平均发展速度总是正值，而平均增长速度则可分为正值也可分为负值。正值表明现象在一定发展阶段内逐期平均递增的程度；负值表示现象逐期平均递减的程度。

平均发展速度的计算公式如下：

$$\bar{x} = \sqrt[n]{x_1 \cdot x_2 \cdot x_3 \cdot \cdots \cdot x_n} = \sqrt[n]{\prod x_i} \tag{6-2}$$

式中 $\bar{x}$——平均发展速度；

x_i——第 i 年的环比发展速度；

$\prod$——连乘符号。

由于环比发展速度的连乘积等于相应的定基发展速度，因此式(6-2)也可写成：

$$\bar{x} = \sqrt[n]{\frac{a_1}{a_0} \cdot \frac{a_2}{a_1} \cdot \cdots \cdot \frac{a_n}{a_{n-1}}} = \sqrt[n]{\frac{a_n}{a_0}}$$

一段时期的定基发展速度即为现象的总速度。用 R 表示总速度，则式(6-2)又可写为：

$$\bar{x} = \sqrt[n]{R}$$

[例 6-11] 根据表 6-21 中的资料，计算德美超市集团第二十五分店 2016—2021 年的平均发展速度和平均增长速度。

根据表 6-21 可知：

$$a_0 = 134.9(万元), a_n = 535(万元), n = 5(年)$$

平均发展速度为：

$$\bar{x} = \sqrt[n]{\frac{a_n}{a_0}} = \sqrt[5]{\frac{535}{134.9}} = 131.73\%$$

平均增长速度 = 131.73% - 1 = 31.73%

[例 6-12] 根据表 6-21 中的资料，若以 2016 年的利润额为基数，按照 31.73% 的递增速度，到 2026 年，德美超市集团第二十五分店的利润额是多少？

根据公式 $\bar{x} = \sqrt[n]{\frac{a_n}{a_0}}$，可知 $a_n = a_0 \times \bar{x}^n$。

所以，到 2026 年德美超市集团第二十五分店的利润额为：

$$a_n = 134.9 \times 131.73\%^{10} = 2\,122.55(万元)$$

[例 6-13] 如果要使德美超市集团第二十五分店到 2026 年利润额达到 2 300 万元以上，以 2016 年的利润额为基数，该分店增长速度至少不低于多少万元？

由已知条件可知：

$$a_n = 2\,300(万元), a_0 = 134.9(万元), n = 10(年)$$

$$平均发展速度 \bar{x} = \sqrt[n]{\frac{a_n}{a_0}} = \sqrt[10]{\frac{2\,300}{134.9}} = 132.79\%$$

所以该分店的平均增长速度至少不低于 32.79%。

练一练

1. 已知某企业净利润 2019 年、2020 年、2021 年 3 年的环比发展速度分别为 110%、150%、180%，试计算 2020 年和 2021 年的定基发展速度。

2. 某地区 2019 年工业总产值为 150 亿元，2020 年工业总产值比 2019 年增长 10%，2021 年又比 2020 年增长 10%，如果该地区从 2021 年到 2030 年工业发展速度每年递增 7.2%，那么到 2030 年该地区工业总产值可达到多少？

任务6-4 现象变动的趋势分析

对经济现象进行动态分析,除了前面用来测定现象动态变动的规模、水平和速度等,我们还要研究现象变动的趋势,揭示其发展变化的规律性,从而对未来进行科学预测。

影响动态数列中各个时期发展水平变化的因素归纳起来大体有四类,如表6-22所示(这里主要了解前两类)。

表6-22　影响动态数列中各个时期发展水平变化的因素

项目	种类	含义
第一类	长期趋势变动	是指现象在一个相当长时期内持续发展变化的总趋势
第二类	季节变动	是指由于季节的更换而引起现象按一定的时间间隔周期性的明显变化
第三类	循环变动	是指社会经济现象变动中发生周期比较长的涨落起伏的波动变化
第四类	不规则变动	是指由于临时性、偶然性的因素引起的非周期性或趋势性的随机变动

一、长期趋势分析与预测

测定长期趋势的主要方法有时距扩大法、移动平均法和数学模型法等。

1. 时距扩大法

时距扩大法是长期趋势最原始最简便的方法。它是将原来时距较短的动态数列加工整理为时距较长的动态数列,以消除原数列因时距过短受偶然因素和季节变动影响所引起的波动,使现象的发展趋势和规律性明显地表现出来。

如表6-23中资料是按月将某商场全年的销售额列出来的,其时间距离为1个月。从表6-23中资料可以看出,该商场销售额有的月份增加,有的月份减少,趋势不太明显。

表6-23　某商场某年销售额情况表　　　　　　　　　　　　单位:万元

月　份	1	2	3	4	5	6	7	8	9	10	11	12	合计
商品销售额	50	55	48	46	56	57	56	52	57	54	60	66	657

如果将表6-23中的时间距离由1个月扩大为1个季度(见表6-24),其销售额的变动趋势就比较明显了。

表6-24　某商场某年销售额情况表　　　　　　　　　　　　单位:万元

季　度	第一季度	第二季度	第三季度	第四季度	合　计
商品销售额	153	159	165	180	657

知识扩展

应用时距扩大法时需要注意的问题

第一,扩大的时距多大为宜取决于现象自身的特点。对于呈现周期波动的动态数列,扩大的时距应与波动的周期相吻合;对于一般的动态数列,则要逐步扩大时距,以能够显示趋势变动的方向为宜。时距扩大太大,将造成信息的损失。

第二,扩大的时距要一致,相应的发展水平才具有可比性。

2. 移动平均法

移动平均法是将时间数列的时距扩大,在数列中按一定项数逐项移动计算平均数,达到对原始数列进行修匀的目的,从而形成一个趋势值时间数列。这个趋势值数列消除了偶然因素的影响,显示出现象发展的趋势。现以表 6-25 某企业 2021 年销售额资料为例加以说明。

[例 6-14] 某企业 2021 年销售额资料如表 6-25 所示,分别计算三项移动平均数和五项移动平均数。计算结果如表 6-25 所示,表中所缺数字由同学们自己计算并填写。

表 6-25　某企业 2021 年销售额资料　　　　　　　单位:万元

月　份	1	2	3	4	5	6	7	8	9	10	11	12
销售额	60	52	61	63	62	65	67	63	70	72	71	74
三项移动平均	—	57.7	58.7	62					68.3	71	72.3	—
五项移动平均	—	—	59.6	60.6					68.6	70	—	—

3. 数学模型法

数学模型法是对动态数列进行分析修匀的方法。它利用适当的数学模型对动态数列配合一个方程式,据以计算各期的趋势值。测定长期趋势广泛使用这种方法。本教材以直线趋势数学模型为例进行讲解。

如以时间因素作为自变量(t),把数列水平作为因变量(y),拟合的直线趋势方程为:

$$y_c = a + bt$$

参数 a、b 的求法用最小平方法。

为了简化计算,把原数列中间项作为原点。其具体方法如下:

当动态数列的项数为奇数时,可取中间一项的时间序号等于零,中间以前的时间序号为负值,中间以后的时间序号为正值。例如,数列有 5 项水平,时间跨度从 2017—2021 年,则其 t 值分别如表 6-26 所示。

表 6-26　2017—2021 年 t 值

年　份	2017	2018	2019	2020	2021
t 值	−2	−1	0	1	2

当动态数列的项数为偶数时,中间以前的时间序号为负值,中间以后的时间序号为正值。例如,某数列有 6 项水平,时间跨度从 2016—2021 年,则其 t 值分别如表 6-27 所示。

表 6-27　2016—2021 年 t 值

年　份	2016	2017	2018	2019	2020	2021
t 值	−5	−3	−1	1	3	5

在以上两种情况下,使拟合的标准直线方程为:

$$\begin{cases} \sum y = na + b\sum t \\ \sum ty = a\sum t + b\sum t^2 \end{cases}$$

简化为:

$$\begin{cases} \sum y = na \\ \sum ty = b\sum t^2 \end{cases}$$

因此,

$$a = \frac{\sum y}{n}$$

$$b = \frac{\sum ty}{\sum t^2} \tag{6-3}$$

式中　t——时间序号;

　　　a——直线在 y 轴上的截距,即 t 为零时的 y 值;

　　　b——直线斜率,表示 t 每增加一个单位时 y_c 的变动值;

　　　n——时期项数;

　　　$\sum y$——各期发展水平之和。

[例 6-15]　某企业 2016—2021 年连续 6 年的销售量资料如表 6-28 所示,用最小平方法预测该企业 2026 年的销售量。

表 6-28 某企业销售量统计表   单位：万件

年 份	销 售 量
2016	40
2017	42
2018	46
2019	50
2020	52
2021	56
合 计	286

上述数列中的时间项数为偶数项，我们设定前面三项时间序号为负数，后面三项时间序号为正数，列出如表 6-29 所示计算表。

表 6-29 某企业销售量预测计算表   单位：万元

年 份	时间代码 t	销售量 y	t^2	ty	y_c
2016	−5	40	25	−200	
2017	−3	42	9	−126	
2018	−1	46	1	−46	
2019	1	50	1	50	
2020	3	52	9	156	
2021	5	56	25	280	
合 计	0	286	70	114	

将表 6-29 中数字代入式(6-3)，可得：

$$\begin{cases} a = \dfrac{\sum y}{n} = \dfrac{286}{6} = 47.67 \\ b = \dfrac{\sum ty}{\sum t^2} = \dfrac{114}{70} = 1.63 \end{cases}$$

所拟合的直线方程为：

$$y_c = a + bt = 47.67 + 1.63t$$

则该企业 2016 年的预测值为：

$$y_c = 47.67 + 1.63t$$
$$= 47.67 + 1.63 \times (-5)$$

$$= 39.52(万件)$$

以此类推,2017—2021年各年销售量的预测值分别为42.71、46.04、49.3、52.68、55.82万件(请同学们自己将计算的2016—2021年销售量预测值填入表6-29中)。

预测该企业2026年的销售量为:

$$y_c = 47.67 + 1.63t$$
$$= 47.67 + 1.63 \times 15$$
$$= 72.12(万件)$$

想一想

长期趋势的测定就是借助于一定的方法对动态数列进行修匀,使修匀后的数列扣除季节变动、循环变动和无规则变动等因素的影响。想一想,我们讲的上述三种方法是否达到了修匀作用。

二、季节变动测定

小明近期在德美超市集团第二十分店实习时,翻阅了近几年来该超市集团服装销售量资料,整理出如表6-30所示的羽绒服销售量统计表。

表6-30 德美超市集团第二十分店2018—2021年羽绒服销售量统计表 单位:件

月 份	2018年	2019年	2020年	2021年
1	420	456	488	510
2	300	320	360	400
3	150	170	210	240
4	100	125	160	182
5	42	60	80	96
6	20	32	44	52
7	14	26	32	40
8	5	16	22	28
9	26	38	52	60
10	84	122	160	185
11	236	300	340	376
12	370	410	456	480
合 计	1 767	2 075	2 404	2 649
平 均	147.3	172.9	200.3	220.8

从表6-30中,小明发现羽绒服每年的销售量随季节的变化而变化。具体来说有以下

特点：
(1) 销售量的多少按照一定的周期进行。
(2) 每个周期变化强度大体相同。

为了加强计划性，合理地规划各季羽绒服的进货量，降低库存成本，小明需要研究这些现象的季节变动规律。

通常，我们用季节比率来反映现象的季节变动情况。根据若干年资料的数据，我们先求出同季（或同月份）的平均水平与全数列总平均季（或月份）水平，然后通过对比可以得出各季（各月份）的季节比率。季节比率高，说明是旺季；季节比率低，说明是淡季。为了较准确地观察季节变动情况，我们一般用连续 3 年以上的发展水平资料加以平均分析。其计算步骤如下：

(1) 根据各年按月（季）的动态数列资料计算出各年同月（季）的平均水平。
(2) 计算各年所有月（季）的总平均水平。
(3) 将各年同月（季）的平均水平与总平均水平进行对比，即得出季节比率是进行季节变动分析的重要指标，可用来说明季节变动的程度。季节比率的计算公式如下：

$$季节比率 = \frac{同月份平均水平}{总平均月份水平} \times 100\%$$

小明根据以上方法，结合表 6-30 资料，计算出德美超市集团第二十分店羽绒服销售量的季节比率，如表 6-31 所示。

表 6-31　德美超市集团第二十分店 2018—2021 年羽绒服销售量统计表　单位：件

月　份	2018 年	2019 年	2020 年	2021 年	4 年同月合计	4 年同月平均	季节比率
1	420	456	488	510	1 874	468.5	252.8%
2	300	320	360	400	1 380	345	186.2%
3	150	170	210	240	770	192.5	103.9%
4	100	125	160	182	567	141.8	76.5%
5	42	60	80	96	278	69.5	37.5%
6	20	32	44	52	148	37	20.0%
7	14	26	32	40	112	28	15.1%
8	5	16	22	28	71	17.8	9.6%
9	26	38	52	60	176	44	23.7%
10	84	122	160	185	551	137.8	74.3%
11	236	300	340	376	1 252	313	168.9%
12	370	410	456	480	1 716	429	231.5%
合　计	1 767	2 075	2 404	2 649	8 895	2 223.5	1 200.0%
平　均	147.3	172.9	200.3	220.8	741.3	185.3	100.0%

计算过程如下：

第一步，分别计算各月总水平和同月份平均水平。

$$1月份平均数 = \frac{420+456+488+510}{4} = 468.5(件)$$

其他月份总水平和平均水平分别计算后填入表6-31中相应栏目。

第二步，求总平均月份水平。

$$总平均月份水平 = \frac{2\ 223.5}{12} = 185.3(件)$$

或

$$总平均月份水平 = \frac{741.3}{4} = 185.3(件)$$

第三步，计算季节比率。

$$1月份的季节比率 = \frac{468.5}{185.3} \times 100\% = 252.8\%$$

其他各月季节比率如表6-31所示。

第四步，用季节比率进行预测。

根据季节变动比率，我们也可预测某年的各月（或季）的数值。首先，结合前面学到的方法预测出某年的预测值；其次，将年预测值除以12（或4）得出各月（或各季）的预测平均值；最后，将各月（或各季）的预测平均值乘以各月（或各季）的季节比率，即可预测出某年的各月（或各季）的预测值。请同学们结合表6-31中的资料自己尝试一下。

通过上面计算的由各月份季节比率组成的数列，我们可以看出羽绒服销售量的季节变动趋势，自1月起季节比率逐月减少，8月减少到最低点，9月又开始逐渐上升。

按月平均法计算简便，容易掌握。但季节比率的计算不够精确，其原因在于：一是没有考虑长期趋势的影响；二是季节比率的高低受各年数值大小的影响，数值大的年份对季节比率影响较大，数值小的年份对季节比率的影响较小。

练一练

某商品流通企业历年销售额资料如表6-32所示。

表6-32 某商品流通企业历年销售额资料　　　单位：万元

年　份	2014	2015	2016	2017	2018	2019	2020	2021
销售额	480	500	530	530	550	530	560	590

要求：根据资料配合销售额的直线趋势方程，预测该商品流通企业2022年的销售额。

项目小结

本项目针对现象的数量特征从发展和动态中加以研究，以掌握现象发展变化的规律性。

动态数列是指将说明统计总体的某一指标在不同时间上的数值，按时间顺序排列而形成的一种数列。动态数列有总量指标动态数列、相对指标动态数列和平均指标动态数列。总量指标动态数列又分为时期数列和时点数列。

动态分析指标主要有两大类：一类是水平指标，即发展水平、平均发展水平、增长量、平均增长量等指标；另一类是速度指标，即发展速度、平均发展速度、增长速度和平均增长速度等指标。

影响动态数列中各个时期发展水平变化的因素归纳起来有四类：长期趋势变动、季节变动、循环变动和不规则变动。测定长期趋势的主要方法有时距扩大法、移动平均法和数学模型法等。在分析季节变动情况时，我们通常需要计算季节比率。

项目训练题

一、复习思考题

1. 时期数列与时点数列的区别是什么？它们计算序时平均数有什么不同？
2. 序时平均数与一般平均数有何异同？
3. 什么是季节变动？季节变动分析的基本方法和步骤是什么？

二、单项选择题

1. 动态数列可以分为（　　）。
   A. 时期数列和时点数列
   B. 绝对数动态数列、相对数动态数列和平均数动态数列
   C. 总量指标动态数列和平均指标动态数列
   D. 时间数列和分配数列

2. 最基本的动态数列是（　　）。
   A. 绝对数动态数列　　　　　　　B. 相对数动态数列
   C. 平均数动态数列　　　　　　　D. 时点数列

3. 由间隔不等的时点数列计算序时平均数，用以加权的权数为（　　）。
   A. 时期长度　　B. 时点长度　　C. 间隔长度　　D. 指标值项数

4. 2012—2021年的人均粮食占有量动态数列是（　　）。
   A. 时点数列　　　　　　　　　　B. 时期数列
   C. 相对数动态数列　　　　　　　D. 平均数动态数列

5. 计算动态分析指标的基础指标是( )。
   A. 总量指标　　　　　　　　　　B. 相对指标
   C. 平均指标　　　　　　　　　　D. 发展指标
6. 累积增长量等于( )。
   A. 报告期水平与基期水平之差　　B. 报告期水平与前一期水平之差
   C. 报告期水平与某一固定基期水平之差　　D. 逐期增长量之差
7. 已知各项环比增长速度,求总增长速度的方法是( )。
   A. 将各项环比增长速度连乘
   B. 将各项环比增长速度连加
   C. 将各项环比增长速度还原为环比发展速度,然后连加,最后减去1
   D. 将各项环比增长速度还原为环比发展速度,然后连乘,最后减去1
8. 增长1%的绝对值是( )。
   A. 增长量与增长速度之比　　　　B. 逐期增长量与定基增长速度之比
   C. 增长量与平均增长速度之比　　D. 前期水平除以100
9. 某县的财政收入2020年较2014年增长了40%,2021年较2014年增长了52%,则2021年较2020年增长了( )。
   A. 12%　　　B. 11.6%　　　C. 12.85%　　　D. 8.57%
10. 平均增长速度等于平均发展速度( )。
    A. 减1　　　B. 加1　　　C. 加100　　　D. 减100

三、判断题

1. 编制动态数列,就是为了反映社会经济现象的发展过程。　　　　　　　　　(　)
2. 动态数列中的基础水平就是最初水平。　　　　　　　　　　　　　　　　　(　)
3. 编制时点数列时,各项指标的间隔长短必须保持一致。　　　　　　　　　　(　)
4. 发展水平既可以是总量指标,也可以是相对指标或平均指标。　　　　　　　(　)
5. 逐期增长量等于两个相邻的累计增长量之差。　　　　　　　　　　　　　　(　)
6. 现象的增长量大于零,说明现象的发展趋势良好。　　　　　　　　　　　　(　)
7. 环比发展速度和定基发展速度是按对比的基期不同来划分的。　　　　　　　(　)
8. 某期的环比发展速度等于该期的定基发展速度除以前一期的定基发展速度。
   　　　　　　　　　　　　　　　　　　　　　　　　　　　　　　　　　　(　)
9. 发展速度和增长速度其实是一个问题的两种说法。　　　　　　　　　　　　(　)
10. 定基增长速度等于各期环比增长速度的连乘积。　　　　　　　　　　　　(　)

四、计算分析题

1. 某新建工厂2021年职工人数变动情况如表6-33所示。

表6-33 某工厂2021年职工人数变动情况

时间	1月1日至1月25日	1月26日至4月8日	4月9日至7月15日	7月16日至10月11日	10月12日至11月4日	11月5日至12月底
每日在册人数（人）	130	137	145	150	160	168

要求：计算该工厂第一季度、上半年及全年的平均每日在册职工人数。

2. 工商银行某储蓄所2021年的居民储蓄资料如表6-34所示。

表6-34 某储蓄所2021年居民储蓄资料

月 份	1	2	3	4	5	6	7
月初存款额（万元）	3 000	2 800	2 500	3 200	3 500	4 000	3 800

要求：计算该储蓄所第一季度、第二季度和上半年居民平均存款额。

3. 某地区2021年生猪存栏数资料如表6-35所示。

表6-35 某地区2021年生猪存栏数资料

时 间	2020年12月31日	2021年				
		3月31日	5月1日	7月1日	11月30日	12月31日
生猪存栏头数（万头）	15	13	17	18	20	21

要求：计算该地区2021年第一季度、上半年和全年的生猪平均存栏头数。

4. 某商场2021年3～6月的有关资料如表6-36所示。

表6-36 某商场2021年3～6月有关资料

月 份	3	4	5	6
月末商品库存额（亿元）	12	（ ）	（ ）	（ ）
平均商品库存额（亿元）	13.5	14	15	15.5
商品纯销售额（亿元）	11.5	12	13	13.5

要求：

（1）计算并填充4～6月各月月末商品库存额。

（2）计算第二季度的平均纯销售额。

（3）计算第二季度的平均商品库存额及商品流转次数（注：商品流转次数＝商品纯销售额÷平均商品库存额）。

5. 某企业2021年第一季度各月的利润计划完成情况如表6-37所示。

表 6-37　某企业 2021 年第一季度各月利润计划完成情况

月　份	1	2	3
实际实现利润额（万元）	15	14.5	18
计划完成程度	103%	99%	107%

要求：计算该企业第一季度的平均利润计划完成程度。

6. 某地区 2016—2021 年的煤炭产量资料如表 6-38 所示。

表 6-38　某地区 2016—2021 年煤炭产量资料

年　份	2016	2017	2018	2019	2020	2021
煤炭产量（万吨）	140	157	174	180	200	216

要求：

(1) 列表计算逐年增长量和累计增长量、环比发展速度和定基发展速度、环比增长速度和定基增长速度及增长 1% 的绝对值。

(2) 计算 2016—2021 年的年平均发展速度和平均增长量。

(3) 计算 2016—2021 年的年平均增长速度。

7. 某地区 2016—2021 年国民生产总值的有关速度指标如表 6-39 所示。

表 6-39　某地区 2016—2021 年国民生产总值有关速度指标

年　份	2016	2017	2018	2019	2020	2021
环比增长速度	—	6%		8%	9%	
定基增长速度	—		13.42%			46.87%

要求：

(1) 计算并填写表 6-39 中的空缺数字。

(2) 计算该地区 2016—2021 年国民生产总值的年平均增长速度。

(3) 如果该地区 2016 年国民生产总值为 110 亿元，试以此平均增长速度推算该地区 2030 年的国民生产总值。

项目 7

指 数 分 析

学习目标

- 理解统计指数的含义、种类和作用。
- 理解同度量因素的意义和作用。
- 熟练计算综合指数和平均指数。
- 会利用指数体系进行因素分析。

任务 7-1 对指数的初步认识

一、统计指数的含义

放假期间,小明对近两年自己家开的小超市部分商品的销售情况进行搜集汇总如表 7-1 所示。

表 7-1 部分商品销售情况统计表

商品名称	计量单位	2020 年			2021 年		
		销售量	单价(元)	销售额(元)	销售量	单价(元)	销售额(元)
东升饮料	箱	500	80		750	85	
蒙西羊毛衫	件	230	260		180	300	
合 计							

请同学们帮助小明把表 7-1 中空缺的单元格填写完整,并计算思考以下几个问题:

(1) 表 7-1 中空缺的每一个单元格是否都可以填写上数字或文字。

(2) 2021 年与 2020 年相比,东升饮料的销售量、单价和销售额在绝对量和相对量上有什么变化。

(3) 2021 年与 2020 年相比,东升饮料和蒙西羊毛衫总的销售额是如何变化的。

(4) 2021 年与 2020 年相比,东升饮料和蒙西羊毛衫总的销售量和单价是如何变化的。

通过以上思考,我们发现,问题(1)~(3)很容易解决,而问题(4)是无法解决的。为此我们引入"统计指数"一词。统计指数有广义与狭义两种理解。

广义的统计指数是指一切反映社会经济现象变动或差异程度的相对数。例如,你在计算上述问题(2)和(3)中的有关相对数,以及前面已学过的动态相对数、比较相对数、计划完成程度相对数等,都属于广义的统计指数。

狭义的统计指数是指反映复杂社会经济现象(不能直接相加的现象)总体数量综合变动和差异程度的相对数。例如,上述问题(4)就要通过这种方式解决,东升饮料和蒙西羊毛衫是两种不同性质的商品,它们的销售量是不能简单地加到一块的,要反映这两种商品销售总的变动情况,就要用狭义的统计指数来解决了;还有平时所说的零售物价指数、消费价格指数、股价指数等,也都属于狭义的统计指数。

二、统计指数的种类

1. 按照指数所反映的现象总体范围不同,统计指数分为个体指数和总指数

(1) 个体指数是指反映复杂现象总体中个别现象变动或差异程度的相对数。实质上,个体指数就是一般的相对数,如上面计算的东升饮料销售量变动的相对数、价格变动的相对数等。

知识扩展

个体指数

个体指数亦即反映个别事物变动的相对数。它等于个别事物的报告期水平与基期水平的比值。例如,反映某一种商品价格变动的指数为个体价格指数,反映某一种产品产量变动的指数为个体产量指数,反映某一种产品单位成本变动的指数为个体成本指数。其计算公式如下:

$$个体指数 = \frac{报告期水平}{基期水平} \tag{7-1}$$

式(7-1)用符号表示为:

$$个体价格指数:k_p = \frac{p_1}{p_0}$$

$$个体产量指数:k_q = \frac{q_1}{q_0}$$

$$个体成本指数:k_z = \frac{z_1}{z_0}$$

(2) 总指数是指反映复杂现象总体数量综合变动或差异程度的相对数。具体说来,它是反映多种产品(商品)的产量、销售量、价格、单位成本等总变动和总差异程度的相对数。前面所说的反映东升饮料和蒙西羊毛衫两种商品总的销售量的变动情况、总的价格变动情况的指数就是总指数。

2. 按照指数说明现象的性质不同,统计指数分为数量指标指数和质量指标指数

(1) 数量指标指数是指说明经济现象总规模或总水平变动或差异程度的指数。它是根据数量指标来计算的,如产品物量指数、商品销售量指数、职工人数指数。

(2) 质量指标指数是指反映经济工作质量变动与差异程度的指数。它是根据质量指标来计算的,如零售物价指数、单位成本指数、劳动生产率指数。

3. 按照指数编制方法不同,统计指数分为综合指数和平均指数

(1) 综合指数是指反映多种现象的综合变动情况的指数。例如,上述同时反映东升饮料和蒙西羊毛衫两种不同商品的销售量或价格变动的指数,即为综合指数。

(2) 平均指数是指对个体指数加权平均得到的指数。它可分为加权算术平均数指数、加权调和平均数指数。

想一想

个体指数与总指数,数量指标指数与质量指标指数,综合指数与平均指数,它们各有什么不同。

三、统计指数的作用

(1) 反映不能直接加总或对比的复杂现象总体数量综合变动或差异的程度和方向,如前面所说的反映东升饮料和蒙西羊毛衫总的销售量和价格的变动。

(2) 分析客观现象数量总变动中受各因素变动影响的相对程度与绝对数额,如前面的例子,我们可以分析东升饮料和蒙西羊毛衫两种商品销售额的总变动受总的销售量或总的销售价格变动的影响情况。

练一练

下列指数中,哪些属于数量指标指数?哪些属于质量指标指数?

(1) 产量指数。

(2) 销售量指数。

(3) 物价指数。

(4) 成本指数。

(5) 工人人数指数。

(6) 平均工资指数。

(7) 股票交易量指数。

(8) 股票交易价格指数。

任务7-2 编制总指数

总指数是指解决复杂现象总体数量对比关系的指数。根据具体编制方法不同,总指数可以分为综合指数和平均指数两种。综合指数是采用先综合后对比的方式编制的;平均指数是采用先对比后平均的方式编制的。采用不同方式编制总指数,不仅方法不同,而且解决的问题与依据的基本原理也存在差异。

一、综合指数的编制

1. 综合指数的编制原理

如何对小明家超市的东升饮料和蒙西羊毛衫总的销售量的变动情况进行综合分析呢?很明显,两种商品的销售量是不能直接相加的,我们可以采用另外一种形式。众所周知,两种商品的销售额是可以相加的,想办法把销售量过渡到销售额,这样就可以解决问题了。销售额等于销售量乘以销售价格,如果两种商品的销售价格没有变化,那么用变动的销售量乘以不变的销售价格计算出来的销售额,反过来说明了销售量的综合变动,引入的这个不变的价格因素,称为同度量因素。在统计上,把原来不能直接相加的现象过渡到可以相加的那个因素叫同度量因素。

一般来讲,影响价值量变化的因素包括两个或两个以上,我们在编制综合指数时,就将其中一个或几个因素固定下来,只测定其中一个因素变动。编制流程如下:

(1) 正确选择一个或几个因素作为同度量因素,通过其媒介作用,将不能直接相加的复杂现象的数量表现过渡到能够相加的价值量形式。

(2) 将引入的同度量因素水平加以固定,将分子、分母的同度量因素固定在同一水平上,消除其变动对价值量变动的影响,从而反映指数化因素数量综合变动或差异程度。

综合指数是计算总指数的基本形式,它是由两个绝对数对比计算出来的,可以综合说明现象的总变动。

综合指数有数量指标指数和质量指标指数两种,在计算公式的形成上,两者的基本道理是一样的。

2. 数量指标综合指数

数量指标综合指数是指综合反映复杂现象总体总量指标变动或差异程度的总指数。例如,前面所提到的小明家超市两种商品的销售量指数,以及工业产品产量指数、职工人数指数等,都属于数量指标综合指数。

[例7-1] 以销售量指数的编制为例说明其编制方法,某超市销售额资料如表7-2所示。

表 7-2 综合指数计算表

商品名称	计量单位	销售量		单价(元)		销售额(元)			
		基期 q_0	报告期 q_1	基期 p_0	报告期 p_1	$q_0 p_0$	$q_1 p_1$	$q_1 p_0$	$q_0 p_1$
甲	件	12	10	20	25	240	250	200	300
乙	支	10	12	4	5	40	60	48	50
丙	台	6	10	29	30	174	300	290	180
合计	—	—	—	—	—	454	610	538	530

第一,引入的同度量因素,反映三种商品销售量的综合变动程度,引入价格为同度量因素,将不同度量的销售量转化为同度量的销售额,不同商品的销售额可以加总对比。

第二,将引入的同度量因素水平加以固定,分子、分母的同度量因素固定在同一水平上,将各种商品的价格固定在同一时间,借助于销售总额的变化可以反映销售量的变化。

在通常情况下,在编制商品销售量或产品产量综合指数时,我们应选择相应的质量指标——价格作为同度量因素,并将其固定在基期水平上,说明假定价格不变的情况下,报告期总销售量或总产量的变动情况。

$$\bar{k}_q = \frac{\sum q_1 p_0}{\sum q_0 p_0} \times 100\% = \frac{10 \times 20 + 12 \times 4 + 10 \times 29}{12 \times 20 + 10 \times 4 + 6 \times 29} \times 100\% = \frac{538}{454} \times 100\% = 118.50\%$$

$$\sum q_1 p_0 - \sum q_0 p_0 = 538 - 454 = 84(万元)$$

式中 $\sum q_1 p_0$——以基期价格计算的假定的报告期销售额;

$\sum q_0 p_0$——基期是实际销售额。

计算结果表明:三种商品的销售量平均增加了 18.50%,由于销售量增加而使销售总额增加的绝对额为 84 万元。

3. 质量指标综合指数

质量指标综合指数是指综合反映复杂经济现象性质变动或差异程度的总指数,如价格指数、单位产品成本指数、劳动生产率指数等。

以价格指数的编制为例说明其编制方法(资料同上)。

第一,引入的同度量因素,反映三种商品价格的综合变动程度。引入相应的销售量为同度量因素,将不同度量的价格转化为同度量的销售额,不同商品的销售额可以加总、对比。

第二,将引入的同度量因素水平加以固定,分子、分母的同度量因素固定在同一水平上。将各种商品的销售量固定在同一时间,借助于销售总额的变化可以反映价格的变化。

在通常情况下,在编制商品或产品价格综合指数时,我们应选择相应的数量指标——销售量或产量作为同度量因素,并将其固定在报告期水平上,说明报告期销售的商品或生产的产品由于价格变动而带来的经济效益。

$$\bar{k}_p = \frac{\sum p_1 q_1}{\sum p_0 q_1} \times 100\% = \frac{610}{538} \times 100\% = 113.38\%$$

$$\sum p_1 q_1 - \sum p_0 q_1 = 610 - 538 = 72(万元)$$

式中　$\sum p_1 q_1$——报告期的实际销售额；

$\sum p_0 q_1$——以报告期销售量计算的假定的基期销售额。

计算结果表明,三种商品的价格平均增加了13.38%,由于价格增加而使销售总额增加的绝对额为72万元。

至此,就可以根据表7-1中的资料对小明家小超市的东升饮料和蒙西羊毛衫的销售量和价格的变动进行综合分析了。

二、平均指数的编制

1. 平均指数的编制原理

在编制总指数时,有时候不像表7-2中的资料那样,报告期和基期的具体销售量或价格都是已知的,我们可能只知道不同时期的销售额和每种商品销售量个体指数或销售价格个体指数,这时就要用平均指数的形式来编制总指数。

但总变动程度不是各个个体变动程度的总和,而是它们的一般水平,通过对个体指数加权平均求总指数,反映复杂现象总体数量综合变动。

下面,我们以数量指标总指数的编制为例说明平均指数的编制方法。

[例7-2]　某企业生产三种产品的有关资料如表7-3所示。试计算三种产品产量的总指数。

表7-3　某企业生产三种产品的有关数据

产品名称	计量单位	总成本(万元)		价格个体指数(p_1/p_0)	产量个体指数(q_1/q_0)
		基期($p_0 q_0$)	报告期($p_1 q_1$)		
甲	件	200	220	1.14	1.03
乙	台	50	50	1.05	0.98
丙	箱	120	150	1.20	1.10

如果要根据表7-3中的资料反映甲、乙、丙三种产品总的产量变动情况,即编制产量综合指数,由于表中缺少各种产品基期和报告期生产量和价格的具体数值,无法直接用编制综合指数的方法来计算三种产品产量指数。

请思考以下问题:

根据表7-3中的资料,是否能够利用数量指标指数的计算公式来计算产品的产量指数呢?

$$\bar{k}_q = \frac{\sum q_1 p_0}{\sum q_0 p_0}$$

式中，$\sum q_0 p_0 = 200 + 50 + 120 = 370$ 是已知的。如果报告期的假定销售量根据表中的资料计算出来，问题就可以解决了。

先分析甲产品报告期的假定销售量。

甲产品销售量的个体指数为：

$$k_{q甲} = \frac{q_1}{q_0} = 1.03$$

甲产品报告期假定销售量可以根据以下公式计算出来：

$$q_1 p_0 = \frac{q_1}{q_0} \times q_0 p_0 = k_q \times q_0 p_0 = 1.03 \times 200 = 206$$

练一练

请同学们自己计算一下乙产品和丙产品报告期的假定销售量。

由以上分析，我们可以根据表 7-3 中的资料计算出甲、乙、丙三种产品的产量总指数，即：

$$\bar{k}_q = \frac{\sum q_1 p_0}{\sum q_0 p_0} \times 100\%$$

$$= \frac{\sum \frac{q_1}{q_0} \times q_0 p_0}{\sum q_0 p_0} \times 100\%$$

$$= \frac{1.03 \times 200 + 0.98 \times 50 + 1.10 \times 120}{200 + 50 + 120} \times 100\%$$

$$= \frac{387}{370} \times 100\% = 104.59\%$$

计算结果表明，三种产品的产量平均来说报告期比基期提高了 4.59%。

从公式 $\bar{k}_q = \dfrac{\sum \frac{q_1}{q_0} \times q_0 p_0}{\sum q_0 p_0}$ 的结构上看，就相当于前面计算平均数的形式，$\dfrac{q_1}{q_0}$ 相当于变量值 x，$q_0 p_0$ 相当于权数 f。

所以将利用这种形式计算的总指数称为平均指数。

和前面的平均数一样，常用的平均指数有加权算术平均指数与加权调和平均指数两种形式。这里计算的三种产品的产量指数就是加权算术平均指数。

从前面的计算过程可知,加权算术平均指数是对个体指数运用加权算术平均指数的方法编制的总指数,在一定条件下是数量指数的变形。

加权算术平均指数主要用来编制数量指标综合指数,在只有个体销售量或产量指数和各种商品或产品的基期价值量资料时,计算总指数,可采用加权算术平均指数公式计算。

2. 加权调和平均指数

根据表7-3的资料,如果要计算甲、乙、丙三种产品的价格指数,同样可以从价格综合指数公式出发:

$$\bar{k}_p = \frac{\sum p_1 q_1}{\sum p_0 q_1} \times 100\%$$

$$= \frac{\sum p_1 q_1}{\sum \frac{1}{\frac{p_1}{p_0}} \times p_1 q_1} \times 100\%$$

$$= \frac{\sum p_1 q_1}{\sum \frac{1}{k_p} \times p_1 q_1} \times 100\%$$

$$= \frac{220 + 50 + 150}{\sum \frac{220}{1.14} + \frac{50}{1.05} + \frac{150}{1.20}} \times 100\%$$

$$= \frac{420}{365.6} \times 100\% = 114.88\%$$

计算结果表明,甲、乙、丙三种产品价格报告期比基期综合上涨了14.88%。

公式 $\bar{k}_P = \dfrac{\sum p_1 q_1}{\sum \dfrac{1}{k_p} \times p_1 q_1}$ 从结构上看,就相当于前面所学过的调和平均数的形式。

加权调和平均指数是对个体指数运用加权调和平均指数的方法编制的总指数,在一定条件下是质量指数的变形。

加权调和平均指数主要用来编制质量指标综合指数,在只有个体价格指数和各种商品或产品的报告期价值量资料时,计算总指数时可采用加权调和平均指数公式进行计算。

知识扩展

综合指数与平均指数的联系与区别

两者的联系在于：都是总指数的一种计算方式，在特定权数条件下，两者之间有变形关系。

两者的区别在于：第一，计算形式不同，平均指数使用了平均数的计算公式；第二，计算方法不同，综合指数是先综合后对比，而平均指数是先对比后综合；第三，在资料要求上不同，综合指数要求使用全面资料，而平均指数既可以使用全面资料，也可以使用非全面资料；第四，在权数选择上不同，平均指数可以使用实际总量指标为权数，也可采用相对数（比重）为权数，而综合指数则不能使用比重权数。

任务7-3 利用指数体系进行因素分析

一、认识指数体系

想一想

结合[例7-1]，思考下面的问题：

(1) 计算三种商品的销售量指数与销售价格指数的乘积。

$$\bar{k}_q \times \bar{k}_p = 118.50\% \times 113.38\% = ?$$

(2) 计算三种商品销售额变动总指数。

$$\bar{k}_{qp} = \frac{\sum q_1 p_1}{\sum q_0 p_0} = \frac{610}{454} = ?$$

(3) 比较上述问题(1)和(2)的计算结果，你会发现什么现象？

(4) 还有没有类似的其他现象？

通过以上的计算与思考，我们可得出以下关系式：

销售额总指数 ＝ 销售量指数 × 销售价格指数

像这样，一个总指数可以分解为多个指数相乘的关系，这个总指数和其他指数就构成了统一的整体，这些指数就称为指数体系。

在社会经济中存在着许多这样的现象，如：

产品总成本指数＝单位产品成本指数×产量指数

材料消耗总额指数＝产品产量指数×材料单耗指数×材料单价指数

利用指数体系,我们可以解决以下实际问题:

(1) 进行因素分析:从数量方面研究经济现象总变动中各因素变动对总变动的影响程度。

(2) 进行指数之间的相互推算:利用指数体系由已知的指数推算未知的指数。

二、利用指数体系进行因素分析

1. 进行因素分析的相关关系式

利用指数体系,我们可以从相对数和绝对数两方面来分析经济现象的总变动受各个因素变动的影响程度。

以前面的销售额指数为例:

$$销售额指数 = 销售量指数 \times 销售价格指数$$

可以得出下面的关系式:

(1) 从相对数方面进行分析:总变动指数等于各因素指数之积。

$$\frac{\sum q_1 p_1}{\sum q_0 p_0} = \frac{\sum q_1 p_0}{\sum q_0 p_0} \times \frac{\sum q_1 p_1}{\sum q_1 p_0}$$

(2) 从绝对数方面分析:总变动指数的分子、分母之差等于各因素指数分子与分母之差的总和。

$$\sum q_1 p_1 - \sum q_0 p_0 = \left(\sum q_1 p_0 - \sum q_0 p_0\right) + \left(\sum q_1 p_1 - \sum q_1 p_0\right)$$

2. 总量指标的因素分析

一个总量指标的变动受多方面的影响,仍以[例 7-1]中某超市销售额计算表为例,来说明因素分析的方法(见表 7-4)。

表 7-4 销售额计算表

商品名称	计量单位	销售量		单价(元)		销售额(元)			
		基期 q_0	报告期 q_1	基期 p_0	报告期 p_1	$q_0 p_0$	$q_1 p_1$	$q_1 p_0$	$q_0 p_1$
甲	件	12	10	20	25	240	250	200	300
乙	支	10	12	4	5	40	60	48	50
丙	台	6	10	29	30	174	300	290	180
合计	—	—	—	—	—	454	610	538	530

根据表 7-4 中资料可知:

$$\sum q_1 p_1 = 610(元),\ \sum q_1 p_0 = 538(元),\ \sum q_0 p_0 = 454(元)$$

由此可进行以下计算和分析:

(1) 商品销售额总指数。

$$\bar{k}_{qp} = \frac{\sum q_1 p_1}{\sum q_0 p_0} \times 100\% = \frac{610}{454} \times 100\% = 134.36\%$$

$$商品销售额实际增加额 = \sum q_1p_1 - \sum q_0p_0 = 610 - 454 = 156(元)$$

(2) 销售量指数。

$$\bar{K}_q = \frac{\sum q_1p_0}{\sum q_0p_0} \times 100\% = \frac{538}{454} \times 100\% = 118.50\%$$

由于三种商品销售量增加而引起商品销售额增加的绝对额 $= \sum q_1p_0 - \sum q_0p_0 = 538 - 454 = 84(元)$

(3) 价格指数。

$$\bar{K}_p = \frac{\sum q_1p_1}{\sum q_1p_0} \times 100\% = \frac{610}{538} \times 100\% = 113.38\%$$

由于三种商品价格的综合上升引起销售额增加的绝对额 $= \sum q_1p_1 - \sum q_1p_0 = 610 - 538 = 72(元)$

以上三个指数的关系如下：

相对数关系： $134.36\% = 118.50\% \times 113.38\%$

绝对数关系： $156(元) = 84(元) + 72(元)$

计算结果表明,该超市三种商品的销售额报告期比基期平均增加了 34.36%,这是由于三种商品销售量平均提高了 18.50% 和三种商品价格平均增长 13.38% 两因素共同作用的结果;同时,三种商品增加的绝对额为 156 元,是由于商品销售量的提高使其增加 84 元,价格的增长使其增加了 72 元。

由此,可以得出因素分析的一般步骤：

第一步,计算所要分析的现象总量的总指数及其增减变动绝对量。

$$\bar{K}_{qp} = \frac{\sum q_1p_1}{\sum q_0p_0} \quad \left(\sum q_1p_1 - \sum q_0p_0\right)$$

第二步,分别列出各个因素变动影响。

分析销售量变动对销售额变动的影响,以质量指标——价格作为同度量因素,并将其固定在基期,销售量指数及变动绝对量为：

$$\bar{K}_q = \frac{\sum q_1p_0}{\sum q_0p_0} \quad \left(\sum q_1p_0 - \sum q_0p_0\right)$$

分析价格变动对销售额变动的影响,以数量指标——销售量作为同度量因素,并将其固定在报告期,价格指数及变动绝对量为：

$$\bar{K}_p = \frac{\sum p_1q_1}{\sum p_0q_1} \quad \left(\sum q_1p_1 - \sum q_1p_0\right)$$

第三步,从相对数和绝对数两方面分析现象的总变动受各因素影响的程度。

现象总量总指数及其增减变动绝对量、数量指标总指数及其增减变动绝对量、质量指标的总指数及其增减变动绝对量三者的关系:

相对数的关系:

$$\bar{k}_{qp} = \bar{k}_q \times \bar{k}_p$$

即:

$$\frac{\sum q_1 p_1}{\sum q_0 p_0} = \frac{\sum q_1 p_0}{\sum q_0 p_0} \times \frac{\sum q_1 p_1}{\sum q_1 p_0}$$

绝对数的关系:

$$\sum q_1 p_1 - \sum q_0 p_0 = \left(\sum q_1 p_0 - \sum q_0 p_0\right) + \left(\sum q_1 p_1 - \sum q_1 p_0\right)$$

练一练

小明在对某农场进行调查后获得部分资料(见表 7-5)。试对该农场的总收入变动进行因素分析。

表 7-5 某农场部分农产品种类资料

农产品种类	2020 年		2021 年	
	产量(吨)	价格(元/吨)	产量(吨)	价格(元/吨)
小 麦	6 000	2 200	6 400	2 500
玉 米	3 200	2 400	4 000	2 600

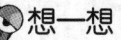

想一想

上面讲到的是一个总量指标的变动受到另外两个因素影响的因素分析方法,那么,如果一个总量指标的变动受到三个或多个因素的变动,我们又该如何处理呢?

3. 总量指标的多因素分析

小明在学习过程中发现,有些现象总量变动不只是受到两个因素的影响,而是受到三个或三个以上因素的影响,这种情况就属于多因素分析问题。例如,原材料消耗总额的变动受到产品产量、单位产品原材料消耗量、原材料单价三个因素变动的影响,同样有下面的关系式:

材料消耗总额指数＝产品产量指数×材料单耗指数×材料单价指数

总量指标多因素分析的一般程序如下:

第一步,计算所要分析的现象总量的总指数及其增减变动绝对量。

第二步，分别列出各个因素变动影响。

第三步，从相对数和绝对数两个方面分析现象的总变动，现象总量总指数及其增减变动绝对量、数量指标总指数及其增减变动绝对量、质量指标的总指数及其增减变动绝对量三者的关系。

我们在进行总量指标多因素分析时，在各因素指数的编制过程中，对各因素指标进行排列，数量指标在前，质量指标在后，根据相隔两个因素的联系密切程度进行排列，相邻两个指标相乘具备经济意义；同时，在测定某一因素变动的影响时，其他因素固定不变，遵循连锁式原则，未分析的固定在基期，已分析的固定在报告期。

由于篇幅所限，这里不再举例赘述，有兴趣的同学可同小明一道通过查资料进行自学。

三、平均指标的因素分析

对社会经济现象数量变动规律进行分析研究时，我们常常需要对平均数的变动进行对比分析，将两个不同时期、同一经济内容的平均数的值对比。说明同类现象在两个不同时期平均水平的动态变化的相对指标，称为平均指标指数。

[例 7-3] 某企业有三个生产车间，基期和报告期各车间的工人数和劳动生产率资料如表 7-6 所示。试分析该企业劳动生产率的变动及其原因。

表 7-6 某企业职工人数和劳动生产率资料

车 间	职工人数（人）		劳动生产率（万元/人）	
	基期 f_0	报告期 f_1	基期 x_0	报告期 x_1
一车间	200	240	4.4	4.5
二车间	160	180	6.2	6.4
三车间	150	120	9.0	9.2

根据表 7-6 列出如表 7-7 所示计算表。

表 7-7 某企业职工人数和劳动生产率指数计算表

车 间	职工人数（人）		劳动生产率（万元/人）		总产值（万元）		
	基期 f_0	报告期 f_1	基期 x_0	报告期 x_1	基期 $x_0 f_0$	报告期 $x_1 f_1$	假定 $x_0 f_1$
一车间	200	240	4.4	4.5	880	1 080	1 056
二车间	160	180	6.2	6.4	992	1 152	1 116
三车间	150	120	9.0	9.2	1 350	1 104	1 080
合 计	510	540	6.32	6.18	3 222	3 336	3 252

劳动生产率指数可变指数＝报告期劳动生产率÷基期劳动生产率

报告期的劳动生产率和基期的劳动生产率分别可以利用前面学过的加权算术平均法进行计算，即：

$$\bar{x}_1 = \frac{\sum x_1 f_1}{\sum f_1} \qquad \bar{x}_0 = \frac{\sum x_0 f_0}{\sum f_0}$$

所以，

$$劳动生产率指数 = \frac{\bar{x}_1}{\bar{x}_0} = \frac{\dfrac{\sum x_1 f_1}{\sum f_1}}{\dfrac{\sum x_0 f_0}{\sum f_0}}$$

三个车间总的劳动生产率的变动受到每个车间劳动生产率的变动和各车间人数变动两个因素的共同影响。

所以，在进行平均指标变动的因素分析时，也经过以下三个步骤：

第一步，计算总平均指标指数。

$$劳动生产率总指数 = \frac{\bar{x}_1}{\bar{x}_0} = \frac{\dfrac{\sum x_1 f_1}{\sum f_1}}{\dfrac{\sum x_0 f_0}{\sum f_0}} = \frac{\dfrac{3\,336}{540}}{\dfrac{3\,222}{510}} = \frac{6.18}{6.32} = 97.78\%$$

第二步，计算各车间劳动生产率变动影响指数。此时，要把反映数量指标的工人数固定在报告期，即要利用报告期的工人人数。

$$\frac{\dfrac{\sum x_1 f_1}{\sum f_1}}{\dfrac{\sum x_0 f_1}{\sum f_1}} = \frac{\dfrac{3\,336}{540}}{\dfrac{3\,252}{540}} = \frac{6.18}{6.02} = 102.66\%$$

第三步，计算各车间职工人数变动影响指数。此时，要把反映质量指标的各车间劳动生产率固定在基期。

$$\frac{\dfrac{\sum x_0 f_1}{\sum f_1}}{\dfrac{\sum x_0 f_0}{\sum f_0}} = \frac{\dfrac{3\,252}{540}}{\dfrac{3\,222}{510}} = \frac{6.02}{6.32} = 95.25\%$$

三者之间的相对数量关系为：

$$97.78\% = 102.66\% \times 95.25\%$$

该企业人均劳动生产率变动对总产值的影响额为：

$$6.18 - 6.32 = -0.14(万元)$$

各车间劳动生产率变动对总产值的影响额为：

$$6.18 - 6.02 = 0.16(万元)$$

各车间职工人数变动对总产值的影响额为：

$$6.02 - 6.32 = -0.30(万元)$$

三者之间的关系为：

$$-0.14(万元) = 0.16(万元) - 0.30(万元)$$

计算结果表明，该企业报告期同基期相比，企业总的劳动生产率下降了 2.22%，人均下降 0.14 万元。各车间劳动生产率的提高使企业总的生产率提高了 2.66%，人均产值提高 0.16 万元；各车间职工人数结构的变化，使企业总的劳动生产率下降了 4.75%，人均产值下降 0.3 万元。

由于现象的平均水平在总体分组的情况下是用加权算术平均数计算得到的，我们可以看出，平均数的变动受到两个因素的影响：一是各组的变量水平；二是总体的结构，即各组总体单位数占总体单位总数的比重。因此，对总平均数变动进行因素分析，亦即分析各组平均数与总体结构两因素变动的影响程度和方向。

通常，我们将总平均变动指数称为可变构成指数，各组平均数影响指数称为固定构成指数，各组结构对总平均数影响指数称为结构影响指数。

1. 可变构成指数

其计算公式如下：

$$可变构成指数 = \frac{\bar{x}_1}{\bar{x}_0} = \frac{\dfrac{\sum x_1 f_1}{\sum f_1}}{\dfrac{\sum x_0 f_0}{\sum f_0}}$$

该平均指标指数受两个因素变动的共同影响：

(1) 各组变量水平 x 变动的影响。

(2) 总体结构 $\dfrac{f}{\sum f}$ 的影响。

2. 固定构成指数

固定构成指数是反映各组变量水平变动影响程度的指数（同度量因素为总体结构，且固定在报告期）。其计算公式如下：

$$固定构成指数 = \frac{\dfrac{\sum x_1 f_1}{\sum f_1}}{\dfrac{\sum x_0 f_1}{\sum f_1}}$$

3. 结构影响指数

结构影响指数反映总体结构变化对总平均水平变动影响程度的指数(同度量因素为各组平均水平,且固定在基期)。其计算公式如下:

$$结构影响指数 = \frac{\frac{\sum x_0 f_1}{\sum f_1}}{\frac{\sum x_0 f_0}{\sum f_0}}$$

4. 可变构成指数、固定构成指数和结构影响指数存在的关系

相对数形式:

$$可变构成指数 = 固定构成指数 \times 结构影响指数$$

即:

$$\frac{\frac{\sum x_1 f_1}{\sum f_1}}{\frac{\sum x_0 f_0}{\sum f_0}} = \frac{\frac{\sum x_0 f_1}{\sum f_1}}{\frac{\sum x_0 f_0}{\sum f_0}} \times \frac{\frac{\sum x_1 f_1}{\sum f_1}}{\frac{\sum x_0 f_1}{\sum f_1}}$$

绝对数形式:

$$\frac{\sum x_1 f_1}{\sum f_1} - \frac{\sum x_0 f_0}{\sum f_0} = \left(\frac{\sum x_0 f_1}{\sum f_1} - \frac{\sum x_0 f_0}{\sum f_0}\right) + \left(\frac{\sum x_1 f_1}{\sum f_1} - \frac{\sum x_0 f_1}{\sum f_1}\right)$$

练一练

小明在某企业实习过程中搜集到该企业职工的工资资料(见表7-8)。请运用指数体系分析该企业工人工资水平和工人结构的变动对工人平均工资的影响情况。

表7-8 某企业职工工资资料情况

工人类别	月工资水平(元)		工人人数(人)	
	基期 x_0	报告期 x_1	基期 f_0	报告期 f_1
高级技工	10 000	11 000	30	40
中级技工	8 000	8 500	100	100
一般技工	5 500	6 000	200	190
合　计	—	—	330	330

项目小结

本项目所研究的统计指数是统计研究中广泛采用的一种统计方法,它是用来反映那些不能直接相加和对比的现象综合变动的相对数。

统计指数有广义与狭义之分。广义上的统计指数是指一切反映社会经济现象数量变动的相对数。而狭义上的统计指数是指专门用来反映那些不能直接相加和对比的社会经济现象综合变动的相对数。按反映的范围不同,统计指数可分为个体指数和总指数;按所反映的指标性质不同,统计指数可分为数量指标指数和质量指标指数;按所采用的基期不同,统计指数可分为定基指数和环比指数。

综合指数是总指数的一种主要形式。它是按照加权综合的方法计算出来的两个综合总量并将其进行对比而形成的总指数。综合指数有数量指标综合指数和质量指标综合指数之分,其编制方法和原则不尽相同。

平均指数是指采用平均指标的计算方法来计算的指数。它是个体指数的加权平均数。它的基本方法是:先对比计算出各种数量指标或质量的个体指数;然后根据研究目的,采用不同的总量指标进行加权平均,用来综合反映社会经济现象的总动态。

指数体系是指具有相互联系的各个指数所构成的统一整体。利用指数体系,我们可以对各因素的变动对总指数和平均指标指数进行因素分析。

项目训练题

一、复习思考题

1. 在编制综合指数时,为什么要使用同度量因素并把它的时期加以固定?
2. 综合指数与平均指数有何区别与联系?
3. 简述指数体系因素分析的基本方法和步骤。

二、单项选择题

1. 总指数的基本形式是(　　)。
   A. 个体指数　　　　　　　　B. 综合指数
   C. 算术平均指数　　　　　　D. 调和平均指数
2. 统计指数按其反映指标的性质可分为(　　)。
   A. 个体指数和总指数
   B. 数量指标指数和质量指标指数
   C. 综合指数和平均指数
   D. 算术平均数指数和调和平均数指数

3. 数量指标指数的同度量因素一般是（　　）。
   A. 基期质量指标　　　　　　　　B. 报告期质量指标
   C. 基期数量指标　　　　　　　　D. 报告期数量指标

4. 已知三种产品的基期价格和报告期价格及报告期产值资料，计算其价格总指数宜采用（　　）。
   A. 数量指标综合指数公式
   B. 质量指标综合指数公式
   C. 加权算术平均数指数公式
   D. 加权调和平均数指数公式

5. 下列指数中，属于质量指标指数的是（　　）。
   A. 销售价格指数
   B. 销售量指数
   C. 销售额指数
   D. 商品销售量变动对销售额影响的绝对数

6. 如果生活费用（指数）上涨10%，则现在的1元钱（　　）。
   A. 只值原来的0.9元　　　　　　B. 只值原来的0.91元
   C. 只值原来的1.1元　　　　　　D. 难以确定

7. 两因素指数体系中的同度量因素通常（　　）。
   A. 都固定在基期
   B. 都固定在报告期
   C. 一个固定在基期，另一个固定在报告期
   D. 采用基期和报告期交叉

8. 若价格指数下降，销售额指数持平，则销售量指数（　　）。
   A. 下降　　　　B. 不变　　　　C. 上升　　　　D. 为零

9. 产品产量报告期比基期增长了10%，单位产品成本降低10%，则生产总成本（　　）。
   A. 增加20%　　　B. 增加1%　　　C. 减少1%　　　D. 不变

10. 某单位职工的总平均工资比基期提高了10%，职工人数结构变动指数为105%，则各类职工的平均工资水平（　　）。
    A. 提高5%　　　　　　　　　　　B. 提高4.8%
    C. 下降4.6%　　　　　　　　　　D. 提高15.5%

三、判断题

1. 编制综合指数的关键问题，也就是同度量因素及其时期的选择问题。（　　）
2. 如果物价上涨10%，则现在的100元钱只值原来的90%。（　　）
3. 总指数能说明不可加现象总变动的情况。（　　）

4. 同度量因素所属的时期是可以选择的。 ( )
5. 个体指数的总和等于总指数。 ( )
6. 因素分析的目的,就是要测定现象总变动中各因素的影响方向和影响程度。 ( )
7. 工资总额增长10%,平均工资下降5%,则职工人数应增长15%。 ( )
8. 平均指数实际上就是综合指数的变形。 ( )
9. 多因素分析较两因素分析更深入,所以指数因素分析中因素越多越好。 ( )
10. 平均指数体系可以分解为可变指数和结构影响指数。 ( )

四、计算分析题

1. 某集贸市场几种主要商品的销售资料如表7-9所示。

表7-9 某集贸市场主要商品的销售资料情况

商品名称	销售量(万斤①)		销售价格(元/斤)	
	基 期	报告期	基 期	报告期
甲商品	46	50	8.00	7.50
乙商品	34	39	3.60	4.20
丙商品	18	22	3.80	4.00
丁商品	830	1 040	1.20	1.00

要求:
(1) 计算每种商品的销售量及价格个体指数(列于表7-9中)。
(2) 计算每种商品销售量增加分别使经营者增加了多少收入及每种商品价格变动分别使消费者增加或减少了多少支出?
(3) 编制四种商品的销售量总指数和销售价格总指数。

2. 某针织厂产品的产量和价格资料如表7-10所示。

表7-10 某针织厂产品的产量和价格资料情况

产品名称	计量单位	产 量		出厂价格(元)	
		基 期	报告期	基 期	报告期
甲	万条	20	25	10	8
乙	万张	15	18	20	21
丙	万条	10	12	5	5

要求:
(1) 计算每种产品的产量和出厂价格个体指数(列于表7-10中)。

---

① 1斤=0.5千克。

(2) 编制产量总指数,计算由于产量变动而增减的产值。

(3) 编制出厂价格总指数,计算由于价格变动而增减的产值。

3. 某商店两种商品的销售量报告期和基期比较,甲商品增长了 15%,乙商品降低了 14%,基期的实际销售额分别为 50 万元和 24 万元。问这两种商品的总销量报告期比基期增长了百分之几?由此增加了多少销售额?

4. 某厂两种产品的产量和单位成本资料如表 7-11 所示。

表 7-11 某厂两种产品的产量和单位成本资料情况

产品名称	计量单位	产量		单位成本(元)	
		基期	报告期	基期	报告期
甲	万台	20	22	50	48
乙	万套	15	20	60	56

要求:分析全部产品总成本的变动中受产量和单位成本变动影响的程度和绝对量。

5. 某家电企业两种产品的销售情况如表 7-12 所示。

表 7-12 某家电企业两种产品的销售情况

产品名称	计量单位	销售收入(万元)		销售价格升(+)降(−)幅度
		2020 年	2021 年	
吊扇	台	550	580	−5%
落地扇	台	300	320	−3%

要求:从相对数和绝对数两个方面对该家电企业 2021 年产品销售收入变动的原因进行分析。

项目 8

抽 样 推 断

 学习目标

☞ 理解抽样推断的概念和特点。
☞ 理解抽样误差的含义及其计算方法。
☞ 掌握抽样推断基本方法。
☞ 了解样本容量的计算方法。

任务 8-1 认识抽样推断

一、抽样推断的概念和特点

小明所在学校现有 5 000 名学生,学校要快速了解所有学生的体重情况,请思考下面哪种方法比较快捷实用?

(1) 将 5 000 名学生中的每一个学生体重测量一次,用前面学习的算术平均法计算平均体重。

(2) 把 5 000 名学生从小到大排列起来,将个子比较低的前 200 名学生的算术平均数作为所有学生的平均体重。

(3) 把 5 000 名学生从大到小排列起来,将个子比较高的后 200 名学生的算术平均数作为所有学生的平均体重。

(4) 按照随机原则在 5 000 名学生中抽出 200 名,先计算出这 200 名学生体重的算术平均数,然后把这 200 名学生的平均体重做为所有学生的平均体重。

不难看出,上面列出的四种方法中,第四种是比较科学的。

抽样推断是指在抽样调查的基础上,利用样本的实际资料计算样本指标,并据以推算总体相应数量特征的一种统计分析方法。

抽样推断具有下面几个特点:第一,它是由部分单位的数字资料推算总体资料的一种研究方法;第二,抽样推断是建立在随机取样的基础上,样本单位的选取不受主观因素的影响,任何一个单位被选中的机会都是均等的;第三,抽样推断的误差可以事先计算并加以控制。总体的估计数和总体的实际数不会完全一致,但经过科学计算,这个误差不仅可以计算出来,而且还可以控制误差的大小,使总体的估计数和总体的实际数尽量接近,保证估计数有较大的可能性存在。

抽样推断是否可以运用于以下方面的工作?
(1) 对不可能进行全面调查的无限总体进行分析。
(2) 对于具有破坏性的产品进行质量检验。
(3) 对于全面调查的资料进行评价与修正。
(4) 对于其他不必要进行全面调查的现象进行分析。

二、抽样推断中的几个基本概念

(一) 全及总体和样本总体

全及总体简称总体,是指所研究现象的全体。全及总体的单位数用"N"表示。

样本总体简称样本,是指按照随机原则,从全及总体中抽取一部分单位所组成的总体。抽样总体的单位数称为样本总量,也称样本单位数,通用"n"表示。

(二) 全及指标和样本指标

1. 全及指标

根据总体各单位的标志或标志属性计算的反映总体数量特征的综合指标称为全及指标。全及指标主要有全及平均数、全及成数、全及总体的标准差和方差等。

(1) 全及平均数又称总体平均数,是指所研究的全及总体中各个单位某一数量标志的平均值。它一般用"$\bar{X}$"表示。其计算公式如下:

$$\bar{X} = \frac{\sum xf}{\sum f} \quad (\text{分组资料})$$

$$\bar{X} = \frac{\sum x}{n} \quad (\text{未分组资料})$$

(2) 全及成数又称总体成数,是指全及总体中具有某种标志表现的单位数所占的比重。它通常用符号"P"表示;不具有该种标志表现的单位数所占的比重,通常用符号 $1-P$ 或"Q"表示。其计算公式如下:

$$P = \frac{N_1}{N}$$

$$Q = \frac{N_0}{N} = 1 - P$$

式中 N_1——具有某种研究标志的单位数;
N_0——不具有研究标志的单位数。

(3) 全及总体的标准差和方差是指说明全及总体标志变异程度的指标。它包括以下两个方面：

一是全及总体平均数的标准差和方差。全及总体平均数的标准差一般用"σ_x"表示；其平方就是全及总体平均数的方差，用"σ_x^2"表示。其计算公式如下：

全及总体平均数的标准差：$\sigma_x = \sqrt{\dfrac{\sum (x-\overline{X})^2}{N}}$ （未分组资料）

$$\sigma_x = \sqrt{\dfrac{\sum (x-\overline{X})^2 f}{\sum f}} \quad \text{（分组资料）}$$

全及总体平均数的方差：$\sigma_x^2 = \dfrac{\sum (x-\overline{X})^2}{N}$ （未分组资料）

$$\sigma_x^2 = \dfrac{\sum (x-\overline{X})^2 f}{\sum f} \quad \text{（分组资料）}$$

二是全及总体成数的标准差和方差。全及总体成数的标准差一般用"σ_p"表示；全及总体成数的方差用"σ_p^2"表示。其计算公式如下：

$$\sigma_p = \sqrt{P(1-P)}$$
$$\sigma_p^2 = P(1-P)$$

2. 样本指标

根据样本各单位标志值或标志属性计算的综合指标称为统计量。

(1) 抽样平均数也称样本平均数，是指抽样总体中各单位某一数量标志的平均值。它一般用"$\bar{x}$"表示。其计算公式如下：

$$\bar{x} = \dfrac{\sum x}{n} \quad \text{（未分组）}$$

$$\bar{x} = \dfrac{\sum xf}{\sum f} \quad \text{（分组）}$$

(2) 抽样成数，是指具有某种标志的单位数在抽样总体中所占的比重。它一般用"p"表示。其计算公式如下：

$$p = \dfrac{n_1}{n}, \quad q = \dfrac{n_0}{n} = 1 - p$$

(3) 样本数量标志标准差。它一般用 S_x 表示。其计算公式如下：

$$S_x = \sqrt{\dfrac{\sum (x-\bar{x})^2}{n}} \quad \text{（未分组资料）}$$

$$S_x = \sqrt{\frac{\sum(x-\bar{x})^2 f}{\sum f}} \quad \text{（分组资料）}$$

(4) 样本成数标准差与方差。它一般用 S_p 表示。其计算公式如下：

$$S_p = \sqrt{pq} = \sqrt{p(1-p)}$$

$$S_p^2 = p(1-p)$$

（三）样本容量和样本个数

样本容量是指一个样本所包含的单位数。

样本个数又称样本可能数目，是指从一个总体中可能抽取的样本个数。

（四）重复抽样和不重复抽样

重复抽样也称重置抽样、回置抽样，是指从总体 N 个单位中随机抽取容量为 n 的样本时，每次从总体中抽取一个单位，把结果登记下来后，重新返回，再从全及总体中抽取下一个样本单位的抽样方式。在这种抽样方式中，同一单位可能有多次被重复抽取的机会。

不重复抽样也称不重置抽样、不回置抽样，是指从总体 N 个单位中随机抽取容量为 n 的样本时，每次从总体中抽取一个单位，不再放回去，下一次再从剩下的总体单位中继续进行抽取，如此反复构成一个样本的抽样方式。也就是说，每个总体单位只能被抽取一次，所以从总体中每抽取一次，总体就少一个单位，因此，先后抽出来的各个单位被抽中机会是不相等的。

任务 8-2 抽样平均误差的计算

一、抽样误差的含义

小明所在班级有 50 名同学，在计算机基础的一次考试中，每个人的成绩如下（单位：分）：

```
80  69  90  100  78  86  88  89  97  100  99  56  87  60  57
40  68  67  95   66  72  93  71  67  85   77  89  82  55  76
94  82  55  78   100 60  88  87  76  59   92  74  86  81  63
76  84  83  65   92
```

小明刚学到抽样推断的知识，想从中抽取 10 个同学的成绩，用这 10 个同学的平均成绩作为 50 个同学的平均成绩。小明按照随机原则抽到下面一组成绩（单位：分）：

```
94  100  89  100  65  99  88  92  90  97
```

小明根据这 10 个成绩，计算出平均成绩为 91.4 分，由此可推测，全班学生的平均成绩为 91.4 分。

请同学们计算全班实际平均成绩。

小明所计算出来的平均成绩 91.4 分,与全班实际平均成绩有一定的误差,这种误差是由于在抽取样本时,样本的代表性不足而产生的,这种误差称为抽样误差。抽样误差是指样本平均数与总体平均数的离差(即 $\bar{x}-\bar{X}$),或样本成数与总体成数的离差(即 $p-P$)。

二、抽样平均误差的计算

(一) 抽样平均误差

前已述及,在利用样本平均数去估计推断总体平均数时,由于样本代表性不足会产生一些误差,为了使误差降低到最小,我们可以把所有的从总体中抽取的样本的指标数值(如样本平均数)与总体指标数值(如总体平均数)的误差计算出来,这些误差有大有小,要反映抽样误差的一般水平,就要求出这些误差的平均数,这就是抽样平均误差。这样在进行推断时,我们就可以将误差考虑进去,使推断的结果更符合实际数据。

抽样平均误差是指所有可能出现的样本指标数值与总体指标数值的平均离差。为消除正负数的影响,我们采用标准差的形式。抽样平均误差的理论计算公式如下:

$$\mu_{\bar{x}}=\sqrt{\frac{\sum(\bar{x}-\bar{X})^2}{M}} \quad \text{(抽样平均数的平均误差)}$$

$$\mu_{p}=\sqrt{\frac{\sum(p-P)^2}{M}} \quad \text{(抽样成数的平均误差)}$$

式中 $\mu_{\bar{x}}$——抽样平均误差;

M——全部样本可能数目。

(二) 抽样平均误差的实际计算方法

抽样平均误差的理论计算公式表明了抽样平均误差的意义,但是,当总体单位数较大,而抽取的样本单位数也较大时,样本可能数目就非常大。另外,理论计算公式中又出现了总体平均数,这也正是抽样调查所要推算的数值,实际是不知道的。所以这个理论计算公式实际上是不实用的。

在计算抽样平均误差时,我们实际应用下面的方法进行计算。

1. 抽样平均数平均误差的计算公式

(1) 重复抽样条件下:

$$\mu_{\bar{x}}=\sqrt{\frac{\sigma^2}{n}}=\frac{\sigma}{\sqrt{n}}$$

(2) 不重复抽样条件下:

$$\mu_{\bar{x}}=\sqrt{\frac{\sigma^2}{n}\left(\frac{N-n}{N-1}\right)}$$

当 N 很大时，
$$\mu_{\bar{x}} = \sqrt{\frac{\sigma^2}{n}\left(1-\frac{n}{N}\right)}$$

[例 8-1] 小明所在班级某小组 4 个同学的考试成绩分别为 85 分、60 分、90 分和 96 分，如果从中抽取 2 个同学进行调查，求抽样平均误差。

$$\bar{X} = \frac{\sum X}{N} = \frac{85+60+90+96}{4} = \frac{331}{4} = 82.75(\text{分})$$

$$\sigma = \sqrt{\frac{(X-\bar{X})^2}{N}}$$
$$= \sqrt{\frac{(85-82.75)^2+(60-82.75)^2+(90-82.75)^2+(96-82.75)^2}{4}}$$
$$= \sqrt{\frac{750.75}{4}} = 13.7$$

从总体中采取重复抽样的方式抽取 2 个同学进行调查，则抽样平均误差为：

$$\mu_{\bar{x}} = \frac{\sigma}{\sqrt{n}} = \frac{13.7}{\sqrt{2}} = 9.69(\text{分})$$

[例 8-2] 西南制药厂为检验某种药品的质量，从 10 000 盒中随机抽取 100 盒进行检查，假如该种药品平均每盒重量的标准差为 50 克，试计算该药品的抽样平均误差。

题中，$\sigma=50$，$n=100$，$N=10\ 000$。

由于 N 很大，采用不重复抽样公式计算抽样平均误差。

$$\mu_{\bar{x}} = \sqrt{\frac{\sigma^2}{n}\left(1-\frac{n}{N}\right)} = \sqrt{\frac{50^2}{100}\times\left(1-\frac{100}{10\ 000}\right)} = 4.97(\text{克})$$

2. 抽样成数平均误差的计算公式

(1) 重复抽样条件下：

$$\mu_p = \sqrt{\frac{p(1-p)}{n}}$$

(2) 不重复抽样条件下：

$$\mu_p = \sqrt{\frac{p(1-p)}{n}\left(1-\frac{n}{N}\right)}$$

在计算抽样平均数的抽样平均误差时或抽样成数的抽样平均误差时，所用的标准差都是全及总体的标准差，但实际上全及总体的标准差是未知的，在通常情况下，我们要用样本平均数的标准差 s 来代替总体平均数的标准差 σ，或用样本成数的标准差 p 来代替总体成数的标准差 P。

[例 8-3] 某企业从生产的 10 000 件产品中，随机抽取 100 件进行调查，测得有 10 件

为不合格。试求产品合格率的抽样平均误差。

根据题中资料可知：$N=10\,000$，$n=100$，则：

$$p = \frac{90}{100} = 90\%$$

重复抽样条件下的抽样平均误差为：

$$\mu_p = \sqrt{\frac{p(1-p)}{n}} = \sqrt{\frac{0.90 \times (1-0.90)}{100}} = 3\%$$

不重复抽样条件下的抽样平均误差为：

$$\mu_p = \sqrt{\frac{p(1-p)}{n}\left(1-\frac{n}{N}\right)}$$

$$= \sqrt{\frac{0.90 \times (1-0.90)}{100} \times \left(1 - \frac{100}{10\,000}\right)}$$

$$= 2.98\%$$

练一练

小明对所在学校的 5 000 名学生的月生活费用进行调查，从中不重复随机抽取 100 名，计算出平均每人每月生活费支出 400 元，标准差为 60 元，求抽样平均误差。

想一想

重复抽样与不重复抽样在计算公式上有什么区别？

任务 8-3　抽样极限误差与概率度

一、抽样极限误差

抽样误差在抽样调查中是客观存在的，用抽样指标估计总体指标所产生的误差也不是固定不变的。在推断总体指标时，我们应根据所研究现象的具体特点及研究现象的具体要求确定可允许的误差范围，这个范围叫做抽样极限误差，也叫允许误差，它等于样本指标变动的上限或下限与总体指标之差的绝对值。其计算公式如下：

$$\Delta_x = |\bar{x} - \bar{X}|$$

$$\Delta_p = |p - P|$$

式中 $\Delta_{\bar{x}}$——抽样平均数的抽样极限误差；
Δ_p——抽样成数的抽样极限误差。

上述关系式可以变换为：

$$\bar{x} - \Delta_{\bar{x}} \leqslant X \leqslant \bar{x} + \Delta_{\bar{x}}$$

$$p - \Delta_p \leqslant P \leqslant p + \Delta_p$$

二、抽样误差的概率度

根据研究现象的特点和要求，在确定抽样极限误差时，我们可以用抽样平均误差乘以一个系数来表示，即：

$$\Delta_{\bar{x}} = t\mu_{\bar{x}} \quad 或 \quad \Delta_p = t\mu_p$$

式中的 t 愈大，误差范围就愈大，样本出现的概率或保证程度也就愈大；反之，则愈小。这个系数 t 就叫抽样误差的概率度。

概率保证程度与概率度成函数关系，可以表示为 $F(t)$，t 每取一个数值，概率保证程度也有唯一一个数值与之对应。常用的概率度和概率保证程度的关系如表 8-1 所示。

表 8-1 常用的概率度和概率保证程度的关系

t	$F(t)$
1	0.682 7
1.96	0.950 0
2	0.954 5
3	0.997 3

例如，在进行某个现象的抽样调查中，抽样平均误差 $\mu_{\bar{x}} = 3.58$，要求在 95.45% 的概率保证程度下对总体指标数值进行估计。根据上面的对应关系，$t=2$，则抽样极限误差为：

$$\Delta_{\bar{x}} = t\mu_{\bar{x}} = 2 \times 3.58 = 7.16$$

注：t 与 $F(t)$ 之间的其他对应关系可查附录——正态分布概率表。

任务 8-4 抽样估计方法

抽样估计就是指利用实际调查计算的样本指标数值来估计相应的总体指标数值。我们在利用抽样指标资料来估计相应的全及指标时，有点估计和区间估计两种基本方法。

一、点估计

点估计也称定值估计，是指用样本指标的实际值作为总体参数的估计值。

在任务 8-2 中,小明从全班 50 个同学中抽取 10 个同学的成绩,用这 10 个同学的平均成绩 91.4 分作为 50 个同学平均成绩,即全班 50 个同学的平均成绩也是 91.4 分,这种估计就是点估计。

小明在学习中发现,这种点估计简单易行,但与实际相差很大,它只是一种粗略的估计方法,对于那些要求不太高的现象分析可以采用这种点估计方法。

二、区间估计

区间估计是指在一定的概率保证程度下,根据样本指标数值估计出总体指标数值所在的区间范围。

[例 8-4] 小明所在学校有 5 000 名学生,从中随机抽取 250 名学生调查每周观看电视时间,资料如表 8-2 所示。

表 8-2　某学校部分学生每周看电视资料

每周看电视时间	学 生 人 数
2 小时以下	22
2～4 小时	56
4～6 小时	92
6～8 小时	60
8 小时以上	20
合　　计	250

试按不重复抽样方法,以 95.45% 的概率保证程度推断该校全部学生每周平均看电视时间的可能范围。

已知:$N=5\,000$,$n=250$,$t=2$,各组组中值分别为 1、3、5、7、9。

则:
$$\bar{x} = \frac{\sum xf}{\sum f} = \frac{1\times 22 + 3\times 56 + 5\times 92 + 7\times 60 + 9\times 20}{250} = 5(小时)$$

$$s^2 = \frac{\sum(x-\bar{x})^2 f}{\sum f}$$

$$= \frac{(1-5)^2 \times 22 + (3-5)^2 \times 56 + (5-5)^2 \times 92 + (7-5)^2 \times 60 + (9-5)^2 \times 20}{250}$$

$$= 4.544$$

$$\mu_{\bar{x}} = \sqrt{\frac{\sigma^2}{n}\left(1-\frac{n}{N}\right)} = \sqrt{\frac{4.544}{250} \times \left(1-\frac{250}{5\,000}\right)} = 0.13(小时)$$

$$\Delta_{\bar{x}} = t \times \mu_{\bar{x}} = 2 \times 0.13 = 0.26(小时)$$

所以:
$$\bar{x} - \Delta_{\bar{x}} \leqslant \bar{X} \leqslant \bar{x} + \Delta_{\bar{x}}$$

$$5 - 0.26 \leqslant \overline{X} \leqslant 5 + 0.26$$

即： $$4.74 \leqslant \overline{X} \leqslant 5.26 (小时)$$

全校学生每周平均看电视时间 4.74~5.26 小时的可靠程度为 95.45%。

[例 8-5] 对某企业生产的一批产品按不重复抽样方法抽选 200 件,其中废品为 8 件,又知样本容量为产品总量的 1/20,当概率保证程度为 95% 时,试估计废品率的范围。

根据题中资料可知：

$$p = \frac{8}{200} = 4\%$$

$$\frac{n}{N} = \frac{1}{20}$$

当 $F(t) = 95\%$ 时,$t = 1.96$

所以：

$$\mu_p = \sqrt{\frac{0.04 \times 0.96}{200} \times \left(1 - \frac{1}{20}\right)} = 1.35\%$$

$$\Delta_p = t\mu_p = 1.96 \times 1.35\% = 2.65\%$$

$$4\% - 2.65\% \leqslant p \leqslant 4\% + 2.65\%$$

即： $$1.35\% \leqslant p \leqslant 6.65\%$$

通过计算可以推断出这批产品的废品率在 1.35%~6.65%。

想一想

在抽样推断中,区间估计需要进行哪几步?

练一练

从某职业学校 2 000 名学生中随机抽取 200 名学生进行"统计学原理"课程测试,平均成绩为 72 分,样本标准差为 13.2 分,其中 60 分以下的人数占抽查人数的 6%。试根据该资料计算平均数的抽样平均误差和成数的抽样平均误差(分重复抽样和不重复抽样两种情况)。

抽样组织方式

(1) 简单随机抽样。它是按随机原则直接从总体 N 个单位中抽出 n 个单位作为样本,总体中每个总体单位都有同等被抽取的机会,适用于均匀总体。

(2) 类型抽样(分层抽样)。它首先将总体按主要标志加以分组,其次再从各组中按随机原则,抽取样本单位。

(3) 等距抽样。它是指先将总体各单位按某一标志排队,然后依一定顺序和时间间隔来抽取样本单位的一种抽样组织形式。

(4) 整群抽样。它是指将总体先分为若干群,然后按随机原则从中抽取若干群,对抽中群的所有单位进行全面调查的抽样组织形式。

任务 8-5　确定样本容量

简单随机抽样是最常用的抽样组织形式,这里只介绍简单随机抽样组织形式下的样本容量的计算方法。

一、平均数样本容量的计算公式

(1) 在重复抽样条件下:

因为:
$$\Delta_x = t\mu_x \quad 且 \quad \mu_x = \sqrt{\frac{\sigma^2}{n}}$$

所以:
$$\Delta_x = t\mu_x = t\sqrt{\frac{\sigma^2}{n}}$$

整理得:
$$n = \frac{t^2 \sigma^2}{\Delta_x^2}$$

(2) 在不重复抽样条件下:

与重复抽样下样本容量的确定方法一样,可以推导出不重复抽样条件下样本容量数目的计算公式如下:

$$n = \frac{Nt^2 \sigma^2}{N\Delta_x^2 + t^2 \sigma^2}$$

[例 8-6] 某药厂为了检验瓶装药片数量,从成品库随机抽检 100 瓶,平均每瓶装 101.5 片,标准差为 3 片。试以 $F(t)=99.73\%$ 的把握程度推断成品库该种药片平均每瓶数量的置信区间。如果允许误差减少到原来的一半,其他条件不变,问需要抽取多

少瓶?

已知：$n=100$，$\bar{x}=101.5$(片)，$s=3$(片)，$t=3$

则：
$$\mu_{\bar{x}} = \frac{\sigma}{\sqrt{n}} = \frac{3}{\sqrt{100}} = 0.3(片)$$

$$\Delta_{\bar{x}} = t\mu_{\bar{x}} = 3 \times 0.3 = 0.9(片)$$

$$101.5 - 0.9 \leqslant \bar{X} \leqslant 101.5 + 0.9$$

$$100.6 \leqslant \bar{X} \leqslant 102.4(片)$$

若：
$$\Delta_{\bar{x}} = \frac{0.9}{2} = 0.45(片)$$

则：
$$n = \frac{t^2\sigma^2}{\Delta_x^2} = \frac{3^2 \times 3^2}{0.45^2} = 400(瓶)$$

二、成数样本容量的计算公式

(1) 在重复抽样条件下：

$$n = \frac{t^2 p(1-p)}{\Delta_p^2}$$

(2) 在不重复抽样条件下：

$$n = \frac{Nt^2 p(1-p)}{N\Delta_p^2 + t^2 p(1-p)}$$

练一练

某职业学校有 2 000 名学生，采用纯随机抽样方式从中抽取部分学生调查其生活、学习等费用情况。以前的多次抽样结果显示，该校学生月人均费用为 350 元，标准差为 80 元，月人均费用在 450 元以上的学生占全部学生人数的 20%。现要求平均数的允许误差不超过 7 元，成数的允许误差不超过 4%。问在 95.45% 的概率保证下至少要抽查多少学生（分重复抽样和不重复抽样两种情况）。

想一想

影响样本容量的因素有哪些？

知识扩展

确定样本容量应注意的问题

(1) 按照样本容量计算公式求出的样本容量,是在保证已知条件下的必要样本容量,是一个最低限度的数目。如果这个数目不能保证的话,那就无法满足允许误差和推断的可靠程度的要求。

(2) 实际调查时可对计算的样本容量进行调整。

项目小结

随着市场经济的发展,抽样推断的作用也越来越重要。它被确立为我国调查体系中的主体,也是搜集统计资料的主要方式。

抽样推断是指在抽样调查的基础上,用样本的数量特征来推断总体的数量特征的一种方法。抽样方法有重复抽样和不重复抽样之分。抽样组织方式有纯随机抽样、等距抽样、类型抽样和整群抽样。

抽样误差是指用样本指标去推断总体指标时所引起的误差。它是抽样方法本身所引起的误差。抽样误差的平均数就是抽样平均误差,用来反映抽样误差的一般水平。抽样极限误差是指抽样指标与全及指标之间相差的且被允许的最大可能误差范围。

利用样本指标对总体的数量特征进行推断的方法有点估计和区间估计。点估计是用样本指标的数值直接去代替总体指标的方法;区间估计是指在一定的概率保证下,根据样本指标和抽样极限误差去推断总体相应指标所在的可能范围(区间)的方法。

确定必要的样本容量,是抽样调查方案中的一个重要问题。影响样本容量的因素有总体各单位标志变异程度的大小、允许的极限误差的大小、抽样推断的可靠程度、抽样方法与抽样的组织形式等。

项目训练题

一、复习思考题

1. 抽样推断有什么特点和作用?
2. 影响抽样推断误差的因素有哪些?
3. 为什么要确定样本容量?确定样本容量应考虑哪些因素?
4. 抽样推断有哪几种组织方式?

二、单项选择题

1. 从总体中选取样本进行调查时,必须遵循的基本原则是(　　)。
   A. 可靠性　　　　　　　　　　B. 随机性
   C. 代表性　　　　　　　　　　D. 准确性和及时性

2. 抽样成数是(　　)。
   A. 比例相对数　　　　　　　　B. 比较相对数
   C. 结构相对数　　　　　　　　D. 强度相对数

3. 抽样平均误差反映了样本指标与总体指标之间的(　　)。
   A. 可能误差范围　　　　　　　B. 平均误差程度
   C. 实际误差　　　　　　　　　D. 实际误差的绝对值

4. 在纯随机重复抽样条件下,抽样平均误差(　　)。
   A. 与标志变异指标的大小无关
   B. 与总体标准差成正比关系
   C. 与总体方差成正比关系
   D. 与样本单位数成反比关系

5. 抽样极限误差的实际意义是(　　)。
   A. 期望样本指标被包含在全及指标加、减一个Δ的范围内
   B. 期望全及指标被包含在样本指标加、减一个Δ的范围内
   C. 全及指标一定被包含在样本指标加、减一个Δ的范围内
   D. 样本指标一定被包含在全及指标加、减一个Δ的范围内

6. 相对而言,用样本指标去推断相应的全及指标,点估计的可靠性比区间估计(　　)。
   A. 高　　　　　　　　　　　　B. 低
   C. 基本相同　　　　　　　　　D. 时高时低

7. 区间估计的基本方法是(　　)。
   A. 用样本指标加减若干倍的样本方差
   B. 用样本指标加减若干倍的抽样平均误差
   C. 用样本指标加减若干倍的抽样极限误差
   D. 用样本指标加减若干倍的抽样实际误差

8. 区间估计中全及指标所在的范围是(　　)。
   A. 一个可能范围　　　　　　　B. 绝对可靠的范围
   C. 毫无把握的范围　　　　　　D. 抽样平均误差的大小

9. 在抽样推断中,样本单位数(　　)。
   A. 越多越好　　　　　　　　　B. 越少越好
   C. 应当适度　　　　　　　　　D. 可多可少

10. 在其他条件相同的情况下,重复抽样所需样本单位数比不重复抽样(　　)。

A. 少 B. 相等
C. 多 D. 难以判断

三、判断题

1. 总体的量是唯一的,因而样本指标的量也是唯一的。( )
2. 抽样误差是抽样本身所固有的,但可以尽量避免。( )
3. 计算抽样误差时,若有几个成数资料可供选择,则应取其平均值。( )
4. 在不重复抽样条件下,总体中的每个单位最多只有一次被抽取的机会。( )
5. 抽样平均误差实质上是所有可能出现的样本平均数的方差。( )
6. 在抽样推断中,样本指标与总体指标都是随机变量。( )
7. 区间估计中的估计范围是一个绝对可靠的范围。( )
8. 重复抽样所需要的样本单位数目总是比不重复抽样的多。( )
9. 要想提高抽样推断的把握程度,就应适当增加样本数目。( )
10. 提高了抽样推断的把握程度,也就相应地提高了推断结果的精确性。( )

四、计算分析题

1. 从某市的 14 万名大学生中随机抽取 400 名(其中有 50 名女生)进行调查,测得其平均体重为 60 千克,样本方差为样本平均数的 1/5。试计算抽样平均误差(分重复抽样和不重复抽样两种情况)。

2. 某厂有 1 200 名职工,从中随机不重复抽取 100 名进行调查,测得其月平均工资为 505 元,方差为 2 500 元。

要求:

(1) 计算抽样平均误差。

(2) 若标准差增加 10 元或减少 5 元,抽样平均误差将怎样变化?

(3) 如果概率保证程度为 95%($t=1.96$),则其抽样极限误差为多少?

3. 某高校共有 5 000 名大学生。根据抽样调查,学生体重的标准差为 5 千克,如果要求极限抽样误差不超过 0.5 千克,概率保证程度为 95.45%($t=2$)。试问用纯随机抽样方式应调查多少名学生(分别计算重复抽样和不重复抽样的所需数目)?

4. 某市对 400 户职工家庭进行家计调查,已测得样本指标:平均每人每月生活费收入为 300 元,标准差为 80 元。

要求:

(1) 试分别以 68.2%($t=1$)、95.45%($t=2$)的概率保证,计算全市职工家庭人均月生活费收入的区间范围。

(2) 如果可靠程度增加到 99.7%($t=3$),抽样极限误差为 6 元,需要抽查多少户数?

项目 9

相关与回归分析

学习目标

☞ 理解相关分析的含义。

☞ 掌握相关系数的意义和计算方法。

☞ 理解回归分析的含义。

☞ 学会直线回归方程的建立。

任务 9-1　认识相关分析

一、相关关系的含义

想一想

> 小明班级近期组织了一次体格检查,小明发现,身高较高的同学体重都较重。小明在上网时搜集到下面一种人的计算体重与身高的关系式:
>
> (1) 男性:　　　　　　　标准体重=身高(厘米)-105
>
> (2) 女性:　　　　　　　标准体重=身高(厘米)-100
>
> 医生在测量了身高以后,为什么不利用上面公式,直接计算出每个学生的身高呢?小明结合体检结果,利用公式根据身高计算了几个同学的体重,结果没有几个吻合的,而同学们都很健康。这是为什么呢?
>
> 这与我们以前学的计算三角形的面积公式中,已知三角形的底和高就可以直接计算出三角形的面积有什么不同呢?

一切客观事物都是相互联系、相互制约的,这种现象之间的关系可以概括为两种不同的类型:一种是函数关系;另一种是相关关系。

1. 函数关系

函数关系反映现象之间存在着严格的依存关系。在这种关系中,对于某一变量的每一个数值,都有另一个变量的确定值与之相对应,并且这种关系可以用一个数学表达式反映出来。

例如，正方形的面积与边长之间的关系 $s = a^2$，电流与电压和电阻之间的关系 $I = U \div R$。

2. 相关关系

相关关系反映现象之间确实存在但又不具有确定性的依存关系。相关关系有以下两方面的特点：

（1）相关关系是指现象之间确实存在数量上的相互依存关系，一个量发生变化会引起另一个量的变化。例如，一个学生的身高发生变化，体重也会随之发生变化。

（2）现象之间数量依存关系的具体关系值不是固定的。例如，同一身高的同学的体重并不都是一样的。

知识扩展

相关关系与函数关系的联系

由于观察或测量误差等原因，函数关系在实际中往往通过相关关系表现出来。我们在研究相关关系时，又常常要通过函数关系的形式来表现，以便找到相关关系的一般数量表现形式。

二、相关关系的种类

1. 根据相关程度，相关关系可分为完全相关、不完全相关和不相关

（1）完全相关。如果一个变量的变化是由其他变量的数量变化所唯一确定，此时变量间的关系称为完全相关。即因变量 y 的数值完全随自变量 x 的变动而变动，如上面提到的正方形的面积公式，正方形的面积完全由正方形的边长决定，给出一个正方形的边长，就有唯一的正方形的面积与之对应。在这种情况下的相关关系实际上就是函数关系。所以，函数关系是相关关系的一种特殊情况。

（2）不完全相关。如果变量间存在着一定的联系，当一个量发生变化时，另一个量也会因此而发生变化，但又不存在严格的函数关系。大多数相关关系属于不完全相关，是统计研究的主要对象。

（3）不相关。如果变量间彼此的数量变化互相独立，当一个变量变化时，另一个量不变化，或呈不规则变化，则其关系为不相关。例如，小明班级同学的出勤率与家庭收入之间的关系就属于不相关关系。

2. 根据相关方向划分，相关关系可分为正相关和负相关

（1）正相关。正相关是指两个变量之间的变化方向一致，如果一个量增加，另一个量也增加；一个量下降，另一个量也随之降低。一般来说，身体越高的人，体重也越重；收入越低的人，生活消费也越低等。这样的关系就是正相关。

（2）负相关。负相关是指两个因素或变量之间变化方向相反，如果一个量增加，另一个量就下降；一个量下降，就会引起另一个量增加。例如，商品的价格上涨，销售量就会下降

等,商品的价格和销售量就是负相关关系。

3. 根据自变量的多少,相关关系可分为单相关和复相关

(1) 单相关。两个因素之间的相关关系称为单相关。单相关在即研究时只涉及一个自变量和一个因变量。例如,身高和体重之间的关系,就是单相关关系。

(2) 复相关。三个或三个以上的自变量与因变量之间的相关关系称为复相关。例如,产品的生产量与生产时间、耗电量、工人的出勤率等之间的相关关系就是复相关关系。

4. 根据变量间相互关系的表现形式,相关关系可分为直线相关和曲线相关

(1) 直线相关。当相关关系的自变量 x 发生变动,因变量 y 值随之发生大致均等的变动,从图像上近似地表现为直线形式,这种相关通称为直线相关,也称为线性相关。

(2) 曲线相关。在两个相关现象中,自变量 x 值发生变动,因变量 y 也随之发生变动,这种变动不是均等的,在图像上的分布是各种不同的曲线形式,这种相关关系称为曲线相关,也称为非线性相关。曲线相关在相关图上的分布,表现为抛物线、双曲线、指数曲线等非直线形式。

想一想

在日常生活中,我们还可以见到很多正相关与负相关、单相关与复相关、直线相关与曲线相关的实例。请同学们也试着说一些。

三、计算相关系数

(一) 相关系数的含义

前已述及,有些现象之间存在着一定的相关关系,有直线相关和曲线相关等,其中大多数是属于直线相关关系。

在直线相关关系中,有的现象之间关系程度密切,有的关系程度一般。相关系数就是用来说明变量之间在直线相关条件下相关关系密切程度和方向的统计分析指标。它一般用 r 表示。

(二) 相关系数的计算

1. 相关系数的定义计算公式

$$r = \frac{\sigma_{xy}^2}{\sigma_x \cdot \sigma_y} = \frac{\dfrac{\sum(x-\bar{x})(y-\bar{y})}{n}}{\sqrt{\dfrac{\sum(x-\bar{x})^2}{n}}\sqrt{\dfrac{\sum(y-\bar{y})^2}{n}}}$$

式中　　n——数据项数;

　　　　x——自变量;

　　　　y——因变量。

　　　　σ_{xy}——变量 x、y 的协方差;

σ_x——自变量 x 数列的标准差；

σ_y——因变量 y 数列的标准差。

2. 相关系数的简捷计算公式

根据相关系数定义计算公式，我们可推导得出其简化计算公式：

$$r = \frac{n\sum xy - \sum x \cdot \sum y}{\sqrt{n\sum x^2 - (\sum x)^2} \cdot \sqrt{n\sum y^2 - (\sum y)^2}}$$

[**例 9-1**] 某地区某企业近 8 年 A 产品产量与生产费用的相关情况如表 9-1 所示。

表 9-1 A 产品产量与生产费用相关表

年　份	产品产量(千吨)x	生产费用(千元)y
2014	1.2	620
2015	2.0	860
2016	3.1	800
2017	3.8	1 100
2018	5.0	1 150
2019	6.1	1 320
2020	7.2	1 350
2021	8.0	1 600

从表 9-1 可以看出，产品产量与生产费用之间存在一定的正相关关系。

根据表 9-1 资料，可列出相关系数计算表，如表 9-2 所示。

表 9-2 相关系数计算表

年份	产品产量(千吨)x	生产费用(千元)y	x^2	y^2	xy
2014	1.2	620	1.44	384 400	744
2015	2	860	4	739 600	1 720
2016	3.1	800	9.61	640 000	2 480
2017	3.8	1 100	14.44	1 210 000	4 180
2018	5	1 150	25	1 322 500	5 750
2019	6.1	1 320	37.21	1 742 400	8 052
2020	7.2	1 350	51.84	1 822 500	9 720
2021	8	1 600	64	2 560 000	12 800
合计	36.4	8 800	207.54	10 421 400	45 446

于是： $r = \dfrac{8 \times 45\,446 - 36.4 \times 8\,800}{\sqrt{8 \times 207.54 - 36.4^2} \times \sqrt{8 \times 10\,421\,400 - 8\,800^2}} = 0.969\,7$

3. 相关系数的意义

相关系数一般可以从正负符号和绝对数值的大小两个层面理解：正负符号说明现象之间是正相关还是负相关；绝对数值的大小说明两现象之间线性相关的密切程度。

(1) r 的取值在 $-1 \sim +1$。

(2) $r=1$，为完全正相关；$r=-1$，为完全负相关。$r=\pm 1$，表明变量之间为完全线性相关，即函数关系。

(3) $r=0$，表明两变量无线性相关关系。

(4) $r>0$，表明变量之间为正相关；$r<0$，表明变量之间为负相关。

(5) r 的绝对值越接近于 1，表明线性相关关系越密切；r 越接近于 0，表明线性相关关系越不密切。根据经验，我们可将相关程度分为以下几种情况：

第一，$|r|<0.3$，为无线性相关；

第二，$0.3 \leqslant |r| < 0.5$，为低度线性相关；

第三，$0.5 \leqslant |r| < 0.8$，为显著线性相关；

第四，$|r| \geqslant 0.8$，一般称为高度线性相关。

根据[例 9-1]的计算结果，$r=0.969\,7 > 0.8$，这说明产品产量与生产费用之间存在着高度的正相关关系。

练一练

假设对 10 户居民家庭的月可支配收入和消费支出进行调查，得到的原始资料如表 9-3 所示。试计算相关系数。

表 9-3 10 户居民家庭月可支配收入和消费支出资料　　　　　单位：百元

编号	1	2	3	4	5	6	7	8	9	10
消费支出	20	15	40	30	42	60	65	70	53	78
可支配收入	25	18	60	45	62	88	92	99	75	98

任务 9-2　直线回归分析

一、认识回归分析

1. 回归分析的含义

在任务 9-1 中，体重和身高之间虽然没有严格的函数关系，但可以通过函数关系的近似表达式来反映，据此进行估算或推算的方法就是回归分析。

回归分析是指对具有相关关系的变量之间数量变化的一般关系进行测定,确定一个相关的数学表达式,以便于进行估计或预测的统计方法。

2. 回归分析的类型

(1) 按回归的形式不同,回归分析可分为直线回归分析和曲线回归分析。对具有直线相关关系的现象配以直线方程进行回归分析,称为直线回归分析;对具有曲线相关关系的现象配以曲线方程进行回归分析,称为曲线回归分析。

(2) 按回归变量的个数不同,回归分析可分为一元回归分析和多元回归分析。一元回归是指两个变量之间的回归,其中一个变量是自变量,另一个变量是因变量;多元回归是指三个或三个以上的变量之间的回归,其中有两个或两个以上的变量为自变量。本教材只介绍一元直线回归分析,又称简单直线回归分析。

二、一元直线回归分析

1. 确定直线回归模型

设有两个变量 x 和 y,变量 y 的取值随变量 x 取值的变化而变化,我们称 y 为因变量,x 为自变量;反之亦然。一般来说,对于具有线性相关关系的两个变量,我们可以用一条直线方程来表示它们之间的关系,即:

$$y_c = a + bx$$

式中　y_c——回归估计值;

　　　a——直线的截距;

　　　b——直线的回归系数。a、b 都是待定参数,通常采用最小平方法计算。

2. 参数 a、b 的估计

要使所选直线能够真正反映 x、y 的变化趋势,根据相关的数学理论知识,我们可以得出 a、b 的计算公式如下:

$$\begin{cases} b = \dfrac{n\sum xy - \sum x \sum y}{n\sum x^2 - (\sum x)^2} \\ a = \dfrac{\sum y}{n} - b\dfrac{\sum x}{n} = \bar{y} - b\bar{x} \end{cases}$$

[例 9-2]　仍以表 9-1 的资料,建立直线回归模型。

将表 9-2 的计算数据代入参数 a、b 的计算公式:

$$b = \frac{8 \times 45\,446 - 36.4 \times 8\,800}{8 \times 207.54 - 36.4^2} = 128.959\,9$$

$$a = \frac{8\,800}{8} - 128.959\,9 \times \frac{36.4}{8} = 513.232\,3$$

直线回归模型为:　　$y_c = 513.232\,3 + 128.959\,9x$

以上模型表明,产品产量每增加 1 千吨,生产费用平均增加 128.959 9 千元。

三、估计标准误差

根据直线回归方程,我们可以用自变量的数值推算出因变量的数值,但推算出来的因变量的数值并不是精确的,与实际值有一定的误差。这种误差通常用估计标准误差来反映。估计标准误差的计算公式如下:

$$S_y = \sqrt{\frac{\sum(y-y_c)^2}{n-2}}$$

或:

$$S_y = \sqrt{\frac{\sum y^2 - a\sum y - b\sum xy}{n-2}}$$

[例 9-3] 某企业各月产量、单位成本等资料如表 9-4 所示。试计算单位成本依产量变化的估计标准误差。

表 9-4 估计标准误差计算表

月份	产量 x(件)	单位成本 y(元/件)	$y_c = 77.37 - 1.82x$	$y - y_c$	$(y-y_c)^2$
1	2	73	73.37	-0.73	0.532 92
2	3	72	71.91	0.09	0.008 1
3	4	71	70.09	0.91	0.828 1
4	3	73	71.97	10.9	1.188 1
5	4	69	70.09	-1.09	1.188 1
6	5	68	68.27	-0.27	0.072 9
合计	21	426			3.818 2

根据前述的一元直线回归分析,我们可求得单位成本依产量变化的直线回归方程:

$$y_c = 77.37 - 1.82x$$

利用该回归方程,我们可计算各月估计值与实际值的离差及离差平方,如表 9-4 所示。则估计标准误差为:

$$S_y = \sqrt{\frac{\sum(y-y_c)^2}{n-2}} = \sqrt{\frac{3.818}{6-2}} = 0.977$$

根据计算结果,估计标准误差为 0.977,这说明单位成本平均来说实际值与估计值相差 0.977 元。

若估计标准误差 S_y 的值越大,即实际值 y 与估计值 y_c 的离差越大,说明回归直线方程的代表性就越低;反之,若估计标准误差 S_y 的值越小,则回归直线方程的代表性就越强;若估计标准误差 $S_y = 0$,则说明实际值与估计值之间没有差距。

知识扩展

回归分析与相关分析的区别与联系

一、区别

（1）相关分析的任务是确定两个变量之间相关的方向和密切程度；回归分析的任务是寻找因变量对自变量依赖关系的数学表达式。

（2）相关分析不必确定两个变量中哪个是自变量，哪个是因变量；而回归分析中必须区分因变量与自变量。

（3）相关分析中两个变量是对等的，改变两者的地位，并不影响相关系数的数值，只有一个相关系数；而在回归分析中，互为因果关系的两个变量可以编制两个独立的回归方程。

（4）相关分析中两个变量可以都是随机的；而回归分析中因变量是随机的，自变量不是随机的。

二、联系

（1）相关分析是回归分析的基础和前提。只有在相关分析确定了变量之间存在一定相关关系的基础上建立的回归方程才有意义。

（2）回归分析是相关分析的继续和深化。只有建立了回归方程才能表明变量之间的依赖关系，并进一步进行预测。

练一练

根据表 9-5 中 15 个居民的人均月收入与人均月食品支出的数值，建立人均月收入(x)与人均月食品支出(y)的线性回归方程。

表 9-5　15 个居民人均月收入与人均月食品支出　　　　　单位：千元

编号	1	2	3	4	5	6	7	8	9	10	11	12	13	14	15
x	12	9	6	10	8	6	8	7	5	11	9	4	6	5	8
y	3	2	2	2.8	2	1.6	2.1	2	1.5	2.5	2.2	0.8	1.4	1.3	1.7

项目小结

相关关系是指反映现象之间确实存在的，但关系数值不固定的相互依存关系。按相关的程度，相关关系可分为完全相关、不完全相关和不相关；按相关的方向，相关关系可分为正相关和负相关；按相关的形式，相关关系可分为线性相关和非线性相关；按所研究的变量多少，相关关系可分为单相关和复相关。

相关系数是用来说明变量之间在直线相关条件下相关关系密切程度和方向的统计分析指标。回归分析就是对具有相关关系的变量之间的数量变化的一般关系进行测定,确定一个相关的数学表达式,以便于进行估计或预测的统计方法。回归分析有不同的种类,按回归变量的个数不同,回归分析可分为一元回归分析和多元回归分析;按回归的形式不同,回归分析可分为线性回归分析和非线性回归分析。

直线回归模型就是对于具有线性相关关系的两个变量,用一条直线方程来表示它们之间的关系,即:$y_c = a + bx$。根据直线回归方程,可以用自变量的数值推算出因变量的数值,但推算出来的因变量的数值并不是精确的,与实际值有一定的误差。通常用估计标准误差 S_y 来反映。若估计标准误差 S_y 的值越大,即实际值 y 与估计值 y_c 的离差越大,说明回归直线方程的代表性就越低;若估计标准误差 S_y 的值越小,则回归直线方程的代表性就越强;若估计标准误差 $S_y = 0$,则说明实际值与估计值之间没有差距。

项目训练题

一、复习思考题

1. 简述相关关系与函数关系的区别与联系。
2. 简述相关分析的基本步骤和方法。
3. 简述直线回归分析的方法。

二、单项选择题

1. 现象之间存在着的不严格的或非确定性的数量依存关系是(　　)。
    A. 函数关系　　　　　　　　　B. 相关关系
    C. 回归关系　　　　　　　　　D. 因果关系
2. 下列现象中,存在函数关系的是(　　)。
    A. 工人文化技术水平越高,其劳动生产率也越高
    B. 农作物施肥量增加,产量也随之增加
    C. 产品价格一定时总产值随着产量的增加而增加
    D. 城乡居民收入增加,银行储蓄额也相应增加
3. 相关分析中的正相关是指(　　)。
    A. 自变量(x)的数值增加,因变量(y)的数值也相应增加
    B. 自变量(x)的数值增加,因变量(y)的数值相应减少
    C. 自变量(x)的数值减少,因变量(y)的数值反而增加
    D. 自变量(x)的数值减少,因变量(y)的数值不变
4. 价格愈低,商品需求量愈大,则物价与商品需求量之间的关系是(　　)。
    A. 虚假相关　　　　　　　　　B. 正相关

C. 负相关 D. 复相关

5. 判断现象之间相关关系密切程度的方法是（　　）。
   A. 作定性分析 B. 制作相关图表
   C. 计算相关系数 D. 计算回归系数

6. 相关系数的取值范围是（　　）。
   A. $r>0$ B. $0 \leqslant r \leqslant 1$
   C. $-1 \leqslant r \leqslant 1$ D. $-1 \leqslant r \leqslant 0$

7. 相关系数 $r=-0.5$，表明现象之间的相关程度为（　　）。
   A. 不相关 B. 微相关
   C. 低度相关 D. 显著相关

8. 直线回归方程 $y_c=a+bx$ 中的回归系数 b 表示（　　）。
   A. 自变量 x 每增加一个单位，因变量 y 增加的数量
   B. 自变量 x 每减少一个单位，因变量 y 减少的数量
   C. 自变量 x 每减少一个单位，因变量 y 增加的数量
   D. 自变量 x 每增加一个单位，因变量 y 平均增加或减少的数量

9. 运用回归方程估计的因变量的数值与其实际值（　　）。
   A. 总是一致的
   B. 根本不可能一致
   C. 可能一致，也可能不一致
   D. 多数情况下一致，少数情况下不一致

10. 现象之间的相关关系越密切，则（　　）。
    A. 相关系数越大，回归误差也越大
    B. 相关系数越小，回归误差也越小
    C. 相关系数越大，回归误差越小
    D. 相关系数越小，回归误差越大

三、判断题

1. 若 x、y 同向变动，则它们之间存在正相关关系；若 x、y 异向变动，则它们之间存在负相关关系。（　　）
2. 判断现象之间是否存在相关关系，必须计算相关系数。（　　）
3. 回归分析和相关分析一样，所分析的两个变量一定都是随机变量。（　　）
4. 当直线相关系数 $r=0$ 时，说明变量之间不存在任何相关关系。（　　）
5. 回归系数 b 的符号与相关系数 r 的符号一般相同，但有时也不同。（　　）
6. 相关系数越大，说明相关程度越高；相关系数越小，说明相关程度越低。（　　）
7. 正相关点的离差乘积之和必定大于 0。（　　）

8. 若直线回归方程式 $y = 13 - 7x$，则可判断 x 和 y 之间存在负相关关系。（ ）

9. 相关系数 r 越大，则估计标准差越大，从而直线回归方程的精确性越低。（ ）

10. 回归分析中计算的估计标准误差就是因变量的标准差。（ ）

四、计算分析题

1. 某市 2012—2021 年历年的个人货币收入和消费支出资料如表 9-6 所示。

表 9-6　某市 2012—2021 年历年的个人货币收入和消费支出资料

年　份	货币收入（亿元）	消费支出（亿元）
2012	10	9
2013	11	10
2014	12	11
2015	13	12
2016	14	13
2017	14	14
2018	16	15
2019	18	16
2020	20	17
2021	21	18

要求：

（1）计算相关系数，说明货币收入与消费支出之间相关关系的密切程度。

（2）试建立以货币收入为自变量的回归方程。

2. 六个地区某种商品的销售量与价格资料如表 9-7 所示。

表 9-7　六个地区某种商品的销售量与价格资料

地区编号	销售量（亿件）	价格（元/件）
1	2	80
2	4	70
3	6	68
4	4	75
5	6	67
6	8	65

要求：

(1) 计算销售量与价格的相关系数，确定其相关程度。

(2) 求出销售量对价格的直线回归方程，并指出单位价格每下降 1 元时，商品销售量平均增加多少？

(3) 计算回归直线的估计标准差。

附录　正态分布概率表

t	F(t)	t	F(t)	t	F(t)	t	F(t)	t	F(t)	t	F(t)
0.00	0.0000	0.43	0.3328	0.86	0.6102	1.29	0.8030	1.72	0.9146	2.30	0.9786
0.01	0.0080	0.44	0.3401	0.87	0.6157	1.30	0.8064	1.73	0.9164	2.32	0.9797
0.02	0.0160	0.45	0.3473	0.88	0.6211	1.31	0.8098	1.74	0.9181	2.34	0.9807
0.03	0.0239	0.46	0.3545	0.89	0.6265	1.32	0.8132	1.75	0.9199	2.36	0.9817
0.04	0.0319	0.47	0.3616	0.90	0.6319	1.33	0.8165	1.76	0.9216	2.38	0.9827
0.05	0.0399	0.48	0.3688	0.91	0.6372	1.34	0.8198	1.77	0.9233	2.40	0.9836
0.06	0.0478	0.49	0.3759	0.92	0.6424	1.35	0.8230	1.78	0.9249	2.42	0.9845
0.07	0.0558	0.50	0.3829	0.93	0.6476	1.36	0.8262	1.79	0.9265	2.44	0.9853
0.08	0.0638	0.51	0.3899	0.94	0.6528	1.37	0.8293	1.80	0.9281	2.46	0.9861
0.09	0.0717	0.52	0.3969	0.95	0.6579	1.38	0.8324	1.81	0.9297	2.48	0.9869
0.10	0.0797	0.53	0.4039	0.96	0.6629	1.39	0.8355	1.82	0.9312	2.50	0.9876
0.11	0.0876	0.54	0.4108	0.97	0.6680	1.40	0.8385	1.83	0.9328	2.52	0.9883
0.12	0.0955	0.55	0.4177	0.98	0.6729	1.41	0.8415	1.84	0.9342	2.54	0.9889
0.13	0.1034	0.56	0.4245	0.99	0.6778	1.42	0.8444	1.85	0.9357	2.56	0.9895
0.14	0.1113	0.57	0.4313	1.00	0.6827	1.43	0.8473	1.86	0.9371	2.58	0.9901
0.15	0.1192	0.58	0.4381	1.01	0.6875	1.44	0.8501	1.87	0.9385	2.60	0.9907
0.16	0.1271	0.59	0.4448	1.02	0.6923	1.45	0.8529	1.88	0.9399	2.62	0.9912
0.17	0.1350	0.60	0.4515	1.03	0.6970	1.46	0.8557	1.89	0.9412	2.64	0.9917
0.18	0.1428	0.61	0.4581	1.04	0.7017	1.47	0.8584	1.90	0.9426	2.66	0.9922
0.19	0.1507	0.62	0.4647	1.05	0.7063	1.48	0.8611	1.91	0.9439	2.68	0.9926
0.20	0.1585	0.63	0.4713	1.06	0.7109	1.49	0.8638	1.92	0.9451	2.70	0.9931
0.21	0.1663	0.64	0.4778	1.07	0.7154	1.50	0.8664	1.93	0.9464	2.72	0.9935
0.22	0.1741	0.65	0.4843	1.08	0.7199	1.51	0.8690	1.94	0.9476	2.74	0.9939
0.23	0.1819	0.66	0.4907	1.09	0.7243	1.52	0.8715	1.95	0.9488	2.76	0.9942
0.24	0.1897	0.67	0.4971	1.10	0.7287	1.53	0.8740	1.96	0.9500	2.78	0.9946
0.25	0.1974	0.68	0.5035	1.11	0.7330	1.54	0.8764	1.97	0.9512	2.80	0.9949
0.26	0.2051	0.69	0.5098	1.12	0.7373	1.55	0.8789	1.98	0.9523	2.82	0.9952
0.27	0.2128	0.70	0.5161	1.13	0.7415	1.56	0.8812	1.99	0.9534	2.84	0.9955

(续表)

t	$F(t)$	t	$F(t)$	t	$F(t)$	t	$F(t)$	t	$F(t)$	t	$F(t)$
0.28	0.220 5	0.71	0.522 3	1.14	0.745 7	1.57	0.883 6	2.00	0.954 5	2.86	0.995 8
0.29	0.228 2	0.72	0.528 5	1.15	0.749 9	1.58	0.885 9	2.02	0.956 6	2.88	0.996 0
0.30	0.235 8	0.73	0.534 6	1.16	0.754 0	1.59	0.888 2	2.04	0.958 7	2.90	0.996 2
0.31	0.243 4	0.74	0.540 7	1.17	0.758 0	1.60	0.890 4	2.06	0.960 6	2.92	0.996 5
0.32	0.251 0	0.75	0.546 7	1.18	0.762 0	1.61	0.892 6	2.08	0.962 5	2.94	0.996 7
0.33	0.258 6	0.76	0.552 7	1.19	0.766 0	1.62	0.894 8	2.10	0.964 3	2.96	0.996 9
0.34	0.266 1	0.77	0.558 7	1.20	0.769 9	1.63	0.896 9	2.12	0.966 0	2.98	0.997 1
0.35	0.273 7	0.78	0.564 6	1.21	0.773 7	1.64	0.899 0	2.14	0.967 6	3.00	0.997 3
0.36	0.281 2	0.79	0.570 5	1.22	0.777 5	1.65	0.901 1	2.16	0.969 2	3.20	0.998 6
0.37	0.288 6	0.80	0.576 3	1.23	0.781 3	1.66	0.903 1	2.18	0.970 7	3.40	0.999 3
0.38	0.296 1	0.81	0.582 1	1.24	0.785 0	1.67	0.905 1	2.20	0.972 2	3.60	0.999 68
0.39	0.303 5	0.82	0.587 8	1.25	0.788 7	1.68	0.907 0	2.22	0.973 6	3.80	0.999 86
0.40	0.310 8	0.83	0.593 5	1.26	0.792 3	1.69	0.909 0	2.24	0.974 9	4.00	0.999 94
0.41	0.318 2	0.84	0.599 1	1.27	0.795 9	1.70	0.910 9	2.26	0.976 2	4.50	0.999 993
0.42	0.325 5	0.85	0.604 7	1.28	0.799 5	1.71	0.912 7	2.28	0.977 4	5.00	0.999 999